如何做一个 情绪 稳定的妈妈

肖 乔———著

中国铁道出版社有限公司
CHINA RAILWAY PUBLISHING HOUSE CO., LTD.

图书在版编目（CIP）数据

如何做一个情绪稳定的妈妈 / 肖乔著 . — 北京：
中国铁道出版社有限公司，2023.11（2025.2 重印）
ISBN 978-7-113-30408-9

Ⅰ . ①如…　Ⅱ . ①肖…　Ⅲ . ①家庭教育 – 教育心理学
Ⅳ . ① G780

中国国家版本馆 CIP 数据核字（2023）第 136849 号

书　　名：如何做一个情绪稳定的妈妈
　　　　　RUHE ZUO YI GE QINGXU WENDING DE MAMA
作　　者：肖　乔

责任编辑：马慧君　　　　　　　　编辑部电话：（010）51873005
编辑助理：荆然子　　　　　　　　投稿邮箱：jingzhizhi@126.com
封面设计：仙　境
责任校对：安海燕
责任印制：赵星辰

出版发行：中国铁道出版社有限公司（100054，北京市西城区右安门西街 8 号）
网　　址：http://www.tdpress.com
印　　刷：河北京平诚乾印刷有限公司
版　　次：2023 年 11 月第 1 版　2025 年 2 月第 3 次印刷
开　　本：880 mm×1 230 mm　1/32　印张：7.25　字数：127 千
书　　号：ISBN 978-7-113-30408-9
定　　价：58.00 元

在结婚前，我曾对婚姻生活充满向往，梦想着将来拥有一个深爱自己的伴侣和一个懂事的孩子，共同开启幸福美满的生活。然而，现实与理想之间存在着巨大的差距。2012年，我迎来了第一个孩子，但随之而来的是忙碌而烦琐的家庭生活。在这个过程中，我逐渐意识到自己对于如何成为一个好妈妈一无所知。

在过去的岁月里，我总是试图用自己的感受去判断孩子。当她不听话时，我会感到焦虑；看到她不懂事时，我会生气。甚至在一段时间里，我还因为一些小事惩罚过她。回想起这些，我心中充满了无尽的懊悔。

让我记忆深刻的一件事是孩子在上幼儿园时尿裤子，老师给我打电话时，我感到非常尴尬。我认为幼儿园的孩子应该能够自理，但我不知道孩子正处于肛欲期，正在学习如何控制排尿。我回家后惩罚了孩子，甚至把她关在"小黑屋"里，导致她每次被教训都要上厕所。后来我意识到这是我错误的教育方式导致的。

接下来的几年里，我一直感到焦虑和不安，总觉得自己的孩子有缺点。只要孩子做错了什么，我就像热锅上的蚂蚁一样四处寻找解决办法，但孩子并没有多大进步。由于我和先生的教育观念不同，我们经常争吵，生活一度陷入困境。

直到 2017 年，我迎来第二个宝宝的那一年，偶然一次机会认识了亲子作家龙春华老师。在龙老师的指导下，我逐渐明白了修身和修心的重要性。我开始注重自己的内心修养，学会了控制情绪、调整心态，让自己更加平静从容。同时，我也把这些经验应用到了孩子的教育中，学会了用爱和耐心去引导他们成长。

通过不断学习和实践，我发现自己变得更加自信和坚定，也更加懂得如何与孩子沟通和相处。我的孩子也因此变得更加健康快乐，成绩也有了明显的提高。

我学会了在日常生活中放慢脚步，静心感受孩子的成长和变化；我学会了与孩子建立良好的沟通和信任关系，与他们共同探索世界和成长的道路；我学会了从自己的内心汲取力量和能量，保持积极的态度和想法。

这些都是跟着龙老师不断学习的结果。通过她的指导，我了解到情绪的本质，情绪从哪里来，该如何去管理好自己的情绪。以前情绪一出现我会生气，且好几天都过不去，现在情绪来了，我能马上觉察，并寻找源头，情绪会很快消散。

　　我知道这是一条漫长的路，但也是一条通往幸福的路。在这条路上，我不断地学习和成长，不断地探索和实践。虽然有时候会遇到困难和挫折，但我相信只要坚持下去，就一定能够走得更远、更稳健、更快乐。

　　先生说我好像变了一个人，有时身边的朋友有问题，先生也会推荐他们找我。我真正感受到自己的价值。学习，我一直在路上。教育孩子，我不仅得心应手，还可以帮助身边亲朋好友答疑解惑。很多人说跟我聊天觉得很舒服，好像那种焦虑感在慢慢散去，从我身上他们感受到了平静，也感受到了满满的正能量。我想这里也有爱的力量吧，母爱是无私的，这份爱是如此浓厚且深情，这份爱是如此美好且温暖。

　　现在我跟孩子的关系好了，跟先生的关系亲密了，跟其他人的关系也更和谐了。如今我才明白龙老师那段话的意思：所谓修身就是管理好自己的情绪，修心就是能够觉察情绪，让自己遇到事情时，心如止水。我终于做到了。

　　几年前，龙春华老师对我说："我觉得你成长得很快，你可以把自己的故事写下来，与更多的妈妈分享。这样，她们在教育孩子时就能够少些焦虑，同时更好地管理自己的情绪。"于是，我开始了人生第一本书的创作。虽然在写作过程中遇到了很多困难，但大家的鼓励和支持一直是我前进的最大动力。

　　这本书中运用了许多写作班里其他妈妈的事例，包括我自己以及身边人的一些经历。这些事例具有鲜明的特点和代表性，希望能够帮助更多的妈妈找到内心平和、安静的感觉，让她们的生活更加幸福美满。

在此，我要特别感谢亲子作家龙春华老师，是她带领我一步步成长，让我走到了今天。同时，我也要感谢写作班的所有妈妈们的支持和启发，感谢你们愿意把自己的素材分享给更多的读者。虽然这些素材可能看起来平凡简单，但它们都是生活中真实发生的故事，就发生在普通妈妈身上。

此外，我还要感谢身边的亲朋好友一直以来的支持和鼓励。在我想要放弃时，他们总是给我加油打气，让我坚持下去。再次感谢大家的帮助和支持！

我希望通过本书与所有的妈妈分享我的经验和感悟，帮助大家成为更好的妈妈，构建更加美好、温馨和幸福的家庭。如果这本书能够解决您生活中的一部分问题，我深感荣幸。虽然这是我第一次写书，但我会不断努力，尽力做到最好。

让我们学会做不焦虑的妈妈，用更加积极的态度面对生活中的困难和压力，迎接生活的挑战和美好！

肖　乔

2023 年 6 月

目 录

第八章　正确释放情绪 /163

第九章　管理好情绪 /191

第一章 寻找情绪的源头

01　重视孩子的成长规律

"小米妈妈，谢谢你！上次你给我的方法，我用了，结果孩子说话已经文明了。"一个宝妈在微信里给我发来这样一条信息。

这条信息一下把我拉到了几个月前。那是一个阳光明媚的上午，我刚送完二宝回来，就听到手机响。

拿起来一看，是一个妈妈发来的视频通话请求，接通后她着急地对我说："小米妈妈，你得帮帮我，我家老大已经7岁了，有时还会说粗话。跟他说这样说话不好，对别人不礼貌，他也不太放心上。怎么办？"

"别着急，咱们慢慢说。"我让她先冷静下来。

其实，孩子刚开始说的时候，很有可能并不是不尊重人，而是迎来了一个敏感期，这段时期他们对类似的语言词汇比较敏感。

"啊？这个我还真不知道。"

我告诉她，可以尝试和孩子约法三章，孩子一说类似的话我们就当场提醒，慢慢孩子就有意识了；只要孩子说的次数有所减少，我们就予以表扬。

于是才有了开头那一幕。

这让我想起致致妈曾经写过的一篇文章，里面说的是孩子迎来了敏感期，因为致致那段时间总说"坏蛋"什么的，致致妈听了之后没办法接受，感到很着急。

庆幸的是，她在刷朋友圈时看到了一个妈妈的打卡日签，而这个日签的内容正是关于孩子敏感期的话题。处在此敏感期的孩子，会模仿说一些类似的不文明的话，家长应注意合理地引导。

从这两个事例中我们不难看出，懂得孩子的成长规律，问题很快就会解决。

那什么是孩子的成长规律呢？所谓成长规律，指的是孩子在某个阶段或者某个年龄段都会出现的共性问题。

比如上面的敏感期，当妈妈懂得孩子出现这样的行为是因为什么样的因素，就比较容易应对。其实很多育儿问题都有一定的规律，当妈妈们了解了这种规律或者前因后果，就会有事半功倍的效果。

看到孩子有问题后就开始焦虑，很多时候是因为我们的认知有限。所以，只有学习才能了解孩子的成长规律，才能知道孩子行为背后的原因。

正如教育家杜威所说：孩子的成长过程都有一定的规律，只有遵循孩子的成长规律进行教育，孩子心情才会愉悦，接受东西才能更快，将来才会成为国家的栋梁之材。

既然妈妈对孩子寄予很大希望，就要在遵循孩子成长规律的基础上用正确的方式教育他们。这样，孩子在我们的引领下才会越来越好。家长们可以学习一些相关的知识，多读一些书，比如《捕捉儿童敏感期》等经典少年儿童教育书籍。

02 生理期的情绪

"妈妈，来喝一杯红糖水，喝完红糖水你的心情就会像糖水一样变得甜甜的。"

"谢谢宝贝，我的女儿知道疼人了。"

"嗯，真的很甜哦，妈妈的心情也瞬间变得美好起来了呢。"

看着女儿给我端来的红糖水，我的心里暖暖的、甜甜的。

说到生理期，相信很多女性深有感触，一到这个特殊的日子，很容易情绪波动。为了比较舒服地度过生理期，我也做了不少"功课"。

看着自己用红笔在日历上标注的日子，异常醒目，也是在提醒我，在这个特殊的日子里，一定要调整好自己的情绪。

先生曾经打趣说："妈呀，你的那几天，都不知道怎么就招惹你了，我得小心点儿。"这句话让我哭笑不得。

平常心情都很好，一到生理期就可能情绪低落，甚至焦躁易发火，作为妈妈，对此需要更加注意。

对生理期情绪我比较有感触。我平时情绪非常平和，即使遇到让人生气的事，情绪也是可控的，可是一到生理期就感觉有点控制不好自己的情绪。

我们要学会理性看待这件事情。我查阅了一些资料才知道，生理期是女性比较脆弱的时期，情绪也因此有起伏。所以说，在生理期来临的时候，作为女性，我们一定要放松心情，坦然面对这件事情，注意休息。我也慢慢总结出了一些属于自己的方式方法，即使在生理期也可以泰然面对。

首先，需要提醒先生。

先生是我们最亲密的爱人，是我们的情感寄托，也是我们的港湾。先生坚实的臂膀是我们温暖的依靠，先生的关爱有助于情绪的缓解——毕竟难受的时候最需要关心，也有助于我们愉悦地度过这个特殊时期。

其次，要主动调整情绪。

因为生理期是一个特殊的时间，是每个女性都会经历的一个时期。如果经常在生理期出现同样的情绪，那么时间长了我们就大概知道会有什么情况发生，这个时候要主动调整自己的情绪。比如情绪来临时做做瑜伽或者其他一些有氧运动，这些都是不错的方式。我们忙碌起来就不会想不开心的事情了。

再次，我们看别人的样子，就像看我们自己。

从别人身上看到我们自己，这时就会明白：哦，原来生理期我也是这个样子，需要进行调整。这样我们就会在同样的情况下，适时地调整自己的状态。

妈妈不断调整的过程就是进步的过程。记得不要给自己太大压力，苛求自己一步到位不太现实。每次进步一点点，时间长了就会前进一大步。

最后，生理期间尽量不要干太多活，尽量给自己营造一个比较舒适的空间，可以做一些简单的运动，累了就多休息。毕竟在这个特殊阶段，只有我们才知道该怎么去照顾自己。要懂得关爱自己，特殊时期要学会对自己进行"特殊照顾"。

虽然在生理期会出现一些不适，我们也要学会自我调节，爱自己，这才是我们最美的样子。

03   相互理解和换位思考

你相信如今还会有丈夫给妻子写信的吗？而且一写就是30年。30多年来，丈夫一直给自己的妻子以情书的形式写信，感动了无数人，虽然两个人一个上白班，一个上夜班，但是他们的感情非常和睦，甚至可以用浪漫来形容。

主人公姓沈，是某医院住院部的护士长，当记者采访她时，她还有点不好意思。

这得从三十多年前说起。三十多年前，沈护士长和刘医生在单位举办的员工书法培训中认识，随后，两人便结婚了。

虽说两人都在同一家医院工作，但他们相处的时间并不多，有时候沈女士刚下夜班，而刘医生却要值班，也就是说，一个在回家的路上，一个在上班的路上。即使两个人能见面，也说不上几句话。

沈女士说，她和丈夫结婚后第一天下班回来，家里非常冷清。

沈女士虽然很累，却睡不着，她无意中翻枕头时，摸到了一张小纸条。她当时很吃惊，打开一看，竟然是丈夫写给自己的一首小诗。

虽然字数不多，但沈女士非常感动，而且因为这张字条，她感觉自己浑身充满了力量，这大概就是爱的力量吧，她感觉很开心、很幸福。

从此以后，只要上夜班，她都能收到刘医生写的小纸条。当然不止这些：沈女士喜欢花，刘医生就会为她搭建一个阳光房，在那里面种满了鲜花。

沈女士进修，需要离开一段时间，刘医生便会坐九个多小时的车去看她。

下班后，他们一家三口会手牵着手看电视。

刘医生还会给沈女士讲《三国演义》《水浒传》的故事情节。

爱一个人原来真的在关注里、在细节里。不得不为这位丈夫点个赞，他真的是一位好丈夫。

有些家庭的现状是，丈夫在外面挣钱，妻子负责做家务和带娃。在这种情况下，丈夫应对妻子的感受予以足够的关注、理解妻子对家庭的付出；同样，妻子也应理解丈夫在外工作之艰辛、挣钱之不易。

我想起了几年前我和先生的状态。因工作的特殊性，他一个月才回家一次，每次回到家后什么也不做，甚至有时还指指点点，说我这个做得不对，那个做得不好。每每这时，我都觉得委屈。

有个宝妈曾经在群里分享自己如何跟先生相处且先生还帮忙带孩子的事，我好奇她是怎么做的。只记得她说：女人要学会柔软。这句话对我很有启发。在更多地相互理解后，随着我们生活及工作状态的改变，先生后来不仅帮忙做饭，还帮忙带孩子。

正如《爱的五种语言》中所说：要寻找适合对方的语言，才是真正的爱。是啊，找对方法很重要。先生帮忙做家务得到我的夸奖，同时我也要尽可能地帮他减轻压力。

一些妈妈在回归家庭之后，除了打理家务，就是照顾孩子和先生，每天的日子就这样循环着。作为女性、妈妈，在这样的日子中，自然而然地希望得到先生更多的关爱。对于生活中的矛盾，我们需要更多换位思考，增进相互理解。

有些男性认为：自己在外打拼，努力赚钱就是给妻子和孩子最好的爱。但女性在照顾好家庭的同时，都希望先生能给予自己更多关心和爱。而作为丈夫，也应该重视和理解。

一个人的时间和精力是有限的。在当今社会，爸爸们外出工作上班，很多时候都比较辛苦、比较忙，可能早上天不亮就出门，晚上孩子睡觉了才回来，而且工作压力还不小。等下班到家，爸爸们通常都比较乏了、累了，很可能没时间和精力跟妻子多交流，更不用说多陪孩子了。对此，妻子也应重视和理解。

作为妻子，我在这里要特别向男同胞指出：一些男性可能觉得，有自己在外面为家庭遮风挡雨，妻子的日子过得很舒坦，因此，偶尔回来晚或者有事，就不用给妻子打电话。

而一些男性则喜欢通过礼物来表达爱意和关心，比如给妻子买束花、买个礼物啥的，却常常忽略了言语表达和心情上的关心。这两种做法都是有欠缺的。

而当妈妈认为另一半对自己缺乏足够关注时，也有可能不是真的。因为尽管存在各种客观条件限制，男性们也可能正在用他们自己的方式给予我们。我们要让自己的内心更有力量，特别是当我们遇到问题或者事情措手不及，另一半却因为客观原因而不能在场时。

有句话说得好：男人来自金星，女人来自火星。男人需要尊重，女性需要爱。男人与女人的思维方式不同，同一件事看待的角度不一样，理解也不一样。家是两个人的家，只有两个人共同打理家，才能产生温馨的感觉。

还有句话："女人是家里的温度，男人是家里的高度。"这话不一定对，因为男女的位置是可以互换的。但男人和女人都是这个家庭中不可缺少的一部分，不管缺少哪一部分，这个家庭都既不温暖也不完整。

04　踢猫的故事

"姐姐，我今天没忍住，打孩子了！"

"为什么？是不是你在工作中遇到了什么问题？"

"对啊，今天工作出了点纰漏，被老板批评了一通，心里不舒服，再加上孩子不听话。孩子哭了，我也很难受。我不应该打孩子，更不应该把气撒到孩子身上。"

一天，妹妹心情不好，跟我吐槽。听着她的话，让我想起前不久发生的一件事。

那天早上我去早市，还没离开就发现刚买的水果中有坏的。于是，我立刻去找摊主，虽然他给我换了，却满脸不情愿。我心里想着再也不来这家了。回来的时候，路上碰到一辆往外冲的电动车，它的后视镜刮了我的电动车却直接走了，我觉得窝火。正在这时，幼儿园老师给我打电话，说我家二宝在学校碰倒了一个小朋友，小朋友的嘴唇破了。正好放学的时间也到了，我就去接了二宝回来。一进家，她就开始换鞋子，却把袜子乱丢。我让她收拾，她不理。本就有气的我就把孩子狠狠说了一通，然后扔下抹着眼泪的孩子气冲冲做饭去了。

就这样做着饭，我的心情慢慢平复了下来。我就在想，这是孩子的错吗？不是，其实开始是因为我在摊主那里受了气，又被别人的车刮到，再被老师告知女儿"闯了祸"，于是火上浇油。虽然是孩子乱丢袜子，但我的怒气更多不是来自她。

我的这种行为正如踢猫效应。

踢猫效应的故事是这样的：一个父亲在公司被老板批评，

回家后看到孩子在沙发上跳来跳去，就把孩子骂了一顿。孩子心里难受，就用脚踢了一下身边的猫。猫吓得逃到了大街上，正好一辆车开过来，司机看到了猫赶紧躲避，致使车跑偏了。

所谓"踢猫效应"，指的是对比自己弱的，或者说比自己等级低的对象，发泄自己的不满情绪而产生的连锁反应，其实是一种坏情绪的传染。我想生活中这样的例子不在少数。

现在，每个人不管在工作上还是在生活中，都存在竞争和压力。但面对这些问题，不能选择把自己的坏情绪传递给别人，特别是亲密的人。对于妈妈来说，要特别注意不能让孩子成为被迁怒的对象。

无论全职妈妈还是职场妈妈，在处理夫妻关系、长辈关系时容易产生或带有某些情绪。妈妈有情绪，这可以理解，但就像上面说的事，我只应该告诉孩子和小朋友玩要当心，不应该乱扔袜子，而不应把其他的情绪掺杂进来。

像上面那样，我自己的情绪是得到了宣泄，但孩子呢？

我们是成年人，应该为自己的言行负责。孩子的心理和生理正处在关键的成长阶段，不应该成为我们宣泄情绪的出口。但我们要明白，自己有情绪是正常现象。我觉得最好的办法是不把坏情绪带回家。

我曾看到这样一个故事：

有个爸爸特别好，为什么说他好呢？因为他每天回到家时，总是在门口跺两下脚。为什么要特别地跺脚呢？这个爸爸说："跺脚是为了把在外面所受的气和心里受的委屈统统跺掉，这样进家门就轻松了很多。"

这个爸爸的做法太赞了，值得效仿。把坏情绪抛在门外，好心情带进屋内，真好！作为成年人，该承担的我们就承担，该勇敢面对的就勇敢去面对，有情绪要学会自我合理地排解。

对工作和生活做好合理安排，即使遇到突发事情，也要保持镇定。教育孩子，也是在教育我们自己。有句话说得好："我们不但要有一颗爱孩子的心，也要懂得如何去爱孩子。"

少一些愤怒，多一些温柔，少一些情绪，多一些呵护。学会不对孩子乱发脾气，才是为人之母对孩子最温暖的爱。孩子是我们最应该去保护的人，我们应该站在他们身前为他们遮风挡雨，而不是因为自己的原因而给他们的世界带去风雨。

05　工作和生活找到平衡点

"宝宝，没事吧？"

"嗯。"

"要不你回去看一下，还是怎样？"

"没事。"

其实，妈妈很是担心孩子的病。画面一转，妈妈回忆起了和孩子之间的种种，泪水湿润眼眶。

这是一档节目《上班了，妈妈！》里面的一个片段。

主持人说："可能之前每一种情况，妈妈都在身边。这是第一次，孩子生病半天没有吃东西，但是妈妈却不能回去照顾……"

话没说完，某个嘉宾说："我觉得我们都有这样的经历。"其他几个嘉宾也点头附和，感同身受。

孩子生病，妈妈忧心，但妈妈要坚持工作。

看到这个妈妈在上班，还忍不住牵挂宝宝的身体情况，我当时就在想，上班那么累，工作压力那么大，职场妈妈既要上班又要带孩子，确实很难。

我的朋友包妈妈是一个医生，同时也是一个二孩宝妈。我印象最深的是，她生完二孩后回归工作的那一年，当时她要上夜班，很多事情需要提前做好。在上班之前，她把事情交给了婆婆，又叮嘱了几句。

但是她刚出门，就传来二宝的哭声。那一刻，她有些于心不忍，但为了工作，她选择按下电梯，然后离开。只是在电梯门关上的那一刹那，她心里有些难受，眼泪忍不住夺眶而出。

孩子这么小，这是第一次离开妈妈，他得哭多久才能睡着？

到了医院，包妈妈开始忙碌，一直忙到晚上 11 点，发现自己连晚饭也没顾上吃，但胸部发胀，得赶紧去挤奶。先生发来消息，说二宝哭了很久才睡去……看着这条信息，她的眼泪又一次夺眶而出。就在她思念二宝时，急诊铃又一次把她拉回现实，她又开始微笑着面对病人，拿出自己的专业素养。她很想在家直接给孩子喂奶。但她也明白，此刻她必须集中注意力，为病人看病。

她想把工作做好，怕家务影响工作；她想带好孩子，怕把工作压力带到家里。这两股情绪那段时间一直在她心里缠绕着。最后，她终于想通了，要接受老人来帮助照看孩子的事实。如果想多陪伴孩子，自己只有付出更多努力。

有一部电影里的职场妈妈说了这样一段话：这个时代对女人的要求很高。如果我选择继续做一个职业女性，就会有人说我不顾家庭；如果我选择成为全职妈妈，又有人说生儿育女是女人的本分，这不是一份职业。但事实却是，因为努力工作，我才有了选择的权利；因为当妈妈我才了解生命的意义，也让我有勇气去面对生活。这两者实际并不矛盾，选择能承担的，承担所选择的。

的确，这个时代对女性的要求高。去公司面试时，这样几个问题经常被问：你结婚了吗？有孩子吗？孩子有人帮忙照顾吗？因为各种原因，女性的挂碍相对多些，一个妈妈能够找到一份合适的工作真的不容易。

有人会说，既然职场妈妈那么辛苦，为什么不辞职回家当全职太太呢？但是，全职妈妈实际上是全天 24 小时待命，而且重点是因为不工作，在经济上很少有能独立的，还会与社会脱节。

所以，很多女性即使再难也要做职场妈妈。当然，还有一个重要的原因就是现在养育一个孩子的成本很高，光靠一个人工作挣钱常常是不够的，两个人工作能够减轻家庭压力。

对于职场妈妈来说，要上班要带娃，压力相对较大。白天需要上班，还可能要加班，累了一天，回到家里还要照顾孩子，做一些家务。

曾有一项调查表明，约 61% 的职场妈妈年龄在 30~34 岁；近 80% 的职场妈妈只有一个孩子，20% 的有两个孩子；很多妈妈有 5~9 年的资深阅历，约 55% 的职场妈妈觉得工作有压力。

从这组数据不难看出，很多"85 后"已经成为左手事业、右手家庭的职场妈妈。她们不仅像男性一样冲锋陷阵，在家庭生活中还可能承担着更多职责和义务。她们既要好好工作，还需要尽可能地给孩子以陪伴，让孩子感受母爱。

不少职场妈妈深夜时常落泪，但即使这样也依然艰难前行。正如上面所说,选择我们所能承担的,承担我们所选择的。

那作为职场妈妈,如何做才能找到平衡点呢?

1. 给自己做规划

给自己定一个详细规划,下班后什么时间段用来陪孩子。越详细越好,然后开始实施,好的开始是成功的一半。

2. 让先生参与,请老人帮忙

带孩子并不是妈妈一个人的事,让爸爸也参与进来。条件允许的话,请求老人帮助,毕竟人多力量大。

3. 做事尽量一心一意

当我们工作时,就认真工作;带娃时,就认真带娃。

常言道,要学就学得踏实,要玩就玩得痛快。同样的道理,如果我们陪孩子玩,就不要想工作上的事情;如果我们工作,就不要想着该如何去陪伴孩子,尽量做到一心一意。

这个时代,职场女性在工作和家庭中来回穿梭,生活赋予她们肩上的重任,亲人给予她们爱的力量,让她们一路披荆斩棘,活出了属于自己的风采。她们明白,工作和家庭可以做到不冲突。只要协调好,人生可以美如画。

第二章　找到情绪产生的原因

01　学以致用

因为没有经验，个别的年轻父母容易对一些育儿知识生搬硬套。

有一个妈妈去一个园所参观，发现没有体温计，很疑惑，问是怎么回事。于是，她和那里的负责人为如何照看孩子的体温发生了争执。这个妈妈提出了她认为合适的方法，园所的负责人则介绍了自己园所一直使用的方式方法。这个妈妈觉得自己说得没错，开始各种争辩，但后来在向相关的专业人士咨询后，证明园所的方法并没有问题，或者说更为实际……

这是我在直播间听到的一个故事，也让我想到，很多年轻的父母容易把书本上的知识直接往孩子身上搬，并不懂得活学活用。只有理论和实践结合起来，不断总结经验，才能找到适合自己孩子的方法。

我想起了我们社群的安安妈。安安妈学历高，知识十分丰富。在通常的认知里，她学历那么高，养好孩子应该是没问题的，可她刚来社群时却不是这样的。用安安妈的话说，家里鸡飞狗跳，和自己的女儿不知道该怎么相处。

安安妈之前和女儿相处的情形是：如果跟女儿在外面闹矛盾，女儿通常就会抱着她的腿声嘶力竭地哭，让她颇为尴尬。有时她甚至会甩下孩子往家里跑，孩子则在后面边哭边追，当然她也不敢离开孩子太远。总之，孩子的行为让她觉得很没面子，而这一幕还时有发生。安安妈很苦恼。

不知所措时，她加入了亲子写作班，老师会经常看她日记，并给她做一些实际性引导。后来再出现类似情况，她就学会了冷静下来分析原因。比如，为什么我和女儿会闹矛盾，为什么女儿不听话，等等。

通过不断地写作和实际运用，她找到了原因。首先她要求自己不能太焦虑，因为一旦情绪出现，根本看不到女儿的内在感受和需求。通过她不断地调整，一次次学习和实践，在实践中不断总结经验，终于找到了一套适合孩子的教育方式。现在，她和女儿相处得非常好，用她的话来说就是，任凭波涛汹涌，我依然风平浪静。而安安妈也终于在教育孩子的路上如鱼得水。

为什么个别的妈妈学识渊博，在教育孩子时却依然不知所措呢？

首先，理念纷繁，观念有差异，在育儿问题上容易各执己见。就拿责罚孩子来说，尤其是孩子要不要打，很多人看法就不相同。类似"棍棒之下出孝子"的认识过于简单，必然有不小的弊端，反之同理。最重要的是，我们作为父母要多方面了解，有针对性地寻找适合自己孩子的方式和方法。

我们会看到，一些人爱讲理论，这些理论有时好像懂了又好像没懂；另一些人讲的是实践，有实践的话还比较接地气；还有既有理论又有实践的专家，理论结合实践才能真正地给我们以启发。

其次，教育孩子应该"博学"。

养育孩子是一个系统工程，从他们的吃喝拉撒到内心的培养，都需要去了解、去学习，更需要有一定的知识做支撑。看书也需要有选择。有些书是结合理论和实践著作而成，但有些书籍是把几本书串到了一起，并不出新。

再次，个别的妈妈过于相信所谓的"理论"，却忽略了实践，知道却做不到。

这时要多实践，在实践的过程中结合相关知识，才能摸索出适合自己孩子的方法。只有不断学习，不断进行探索实践和反思总结，才能找到适合孩子的方法，也才能教育好孩子。

因材施教才是正确的方式。正如下面的这个故事中，孔子对两个学生问的同一个问题，却给出了不同的意见。

有一天孔子讲完课后，子路问老师："先生，如果我听到一种正确的主张，可以去做吗？"

孔子说:"起码要问一下父亲和兄长吧,怎么能听到就去做呢?"

冉有问孔子:"先生,我听到正确的主张,应该立刻去做吗?"

孔子答道:"对,应该立刻就去实行。"

公西华很奇怪地问道:"先生,一样的问题,你的回答怎么却不一样呢?"

孔子笑道:"冉有性格比较谦逊,办事犹豫,所以我鼓励他果断;子路争强好胜,所以我劝他三思而行。"

这个故事也告诉我们,对于所学的方法不要照搬。要先了解孩子,适合孩子的才是最好的。

一位老师曾经说:"每个家庭的系统不同,关系也会不一样。同样的教育方法并不适合所有的孩子。"

那如何做到学以致用呢?

1. 要活学活用

妈妈学了很多知识,并不意味着能教育好孩子,书本的知识比较刻板,妈妈要学会活学活用,把知识转化为智慧,才能为生活服务,也才能更好地教育孩子。

2. 要懂得融会贯通

凡事要把理论和实践进行结合,也就是所谓的知行合一,知道和做到是两码事。要知道,更要做到,在教育孩子时不断寻找适合自己孩子的方法，进行融会贯通，才能把知识真正落到实处。

3. 要学会复盘

陶行知曾说，行动是老子，知识是儿子，创造是孙子。行是知之始，知是行之成。

模仿是学习的开始，行动是学习的关键，解惑、复盘和反思是学习的重要助力。我们想要解决当前的问题，一定要进行复盘，从复盘中看到以前教育的不足，找到更好的方式，真正做到学以致用，把理论和实际进行结合，真真正正地做到知行合一。

当妈妈学习了很多知识还教育不好孩子的时候，其实这是孩子送给我们的"珍贵礼物"。他们用自己的体验来告诉、引领我们要启发彼此，珍惜这次成长的机会。

放下焦虑，我们努力学习的样子，才是教育孩子最美的风景。

02　攀比之误

晚上接女儿的时候碰到了一个宝妈，我俩当时就聊了起来。

"成绩出来了，你女儿考得不错吧？"

"还行，努力了就好。"

"你女儿很优秀，每次成绩都在前几名！"

"妈，你跟阿姨说啥呢？聊得这么火热。"正跟宝妈聊着天，她女儿就走了过来。

"能聊啥，说你们的成绩呗。"

她女儿对这样的话题并不赞成，于是两个人就开始闹矛盾。妈妈生气，自己骑电动车走了，剩下女儿一个人往家走。

看着这一幕，让我想起了以前的自己，我也经常会不自觉地拿自己家孩子和别人家的孩子做比较，而这种比较很多时候是多余和没有意义的。甚至因为看到老二比别的孩子走路晚，我还带着孩子去医院做了检查。医生说："不用担心，过段时间就会了。"我当时还觉得医生是给我宽心，没想到她真的很快就学会了走路。但类似情况仍不断困扰着我。

亲子作家龙老师给我上了高效的一课。她的儿子小龙当时正上小学，在群里，她看到别的孩子写的字工工整整，甚至可以用相当漂亮来形容。在觉察到自己有了些情绪后，她马上做了一件事：自己在田字格上练习写字。当字写出来之后，她就释然了。因为，她觉得自己的字都不一定比那个孩子好。

虽然都是妈妈，但真正能做到淡定的并不多。此外，某些妈妈实际是在拿年龄大的跟年龄小的孩子比，拿学过的跟没学过的孩子进行比较……这更是忽视了某些实际条件。

更需要注意的是，这些比较可能升级为更为有害的攀比，背后则是虚荣心作祟，通过攀比来让自己的虚荣心得到满足。在攀比的过程中，给到对方的信息就是自己的教育方式很成功，自己的孩子很给力。当看到对方羡慕的眼神时，自己的心里是满足、得意。

还有一点是，某些妈妈对孩子自己解决问题的能力不认可。有机构曾进行过一项调查，很多受访者在调查中称自己对孩子要求和期望高；不少受访者会拿别人家的孩子和自己的孩子进行比较。

有句话说得好：不比不知道，一比吓一跳。是的，几乎每一个妈妈的心里都曾住着一个"完美小孩"——妈妈希望通过努力，把自己的孩子塑造得更加完美。但完美只是想象。

就像《少年说》中的一个女孩，她的妈妈总拿她和朋友比。她跟妈妈说了自己的心里话，可妈妈却说："我认为你的性格是需要一些打击的……"但事实是，过大的挫败感会伤害孩子的自尊和自信，亲子关系也会遭受破坏。

某些妈妈给孩子树立的标准是自己定的，而跟孩子的实际情况是否相符，孩子愿不愿意接受却没有问过。妈妈只是告诉孩子，那是你的目标，往前冲。

妈妈希望孩子好没错，寄希望于孩子也没错，某些时候某种程度的比较也没错，但作为妈妈不应忘记，孩子是一个独立的个体，只是经由妈妈的身体来到这个世上。他们是独立的，也是自由的。

况且孩子身上的很多东西都没有定型，都可以通过塑造和提升变得更好。我们要做的就是不断引导孩子，激发出孩子的内在驱动力，让孩子以后无论面临任何困难，都坚信自己有能力应对。这才是引领孩子的正确方式。

爱孩子的最终目的是通过给予他们爱和理解，让孩子今后无论面临任何困难都积极、自信。这难道不是我们的初衷吗？

孩子是他自己人生中的主人，我们家长只是起到辅助作用。每个孩子都有属于自己的天赋和不同，妈妈要学会尊重孩子，看到他们身上的闪光点，引领他们成为更好的自己，并绽放出属于自己的光彩。

03 擦亮眼睛

"小米妈妈，我看到一个线上的英语课，感觉不错，想给孩子报名。"

"你为什么想给孩子报呢？"

"我觉得孩子英语比较差。"

"孩子不是才上三年级，刚开始学英语吗?"

"是不是报了英语课，孩子就一定能学好呢?"

"这样，你先跟孩子商量一下，孩子想学，时间充裕的情况下，多学学也没什么坏处的。"

"还要跟孩子商量? 我这不是为他好吗?"

"那当然，但学习的是孩子。如果孩子不想学，每天很多作业，那你报了课，孩子却不想学、没时间学，你不觉得自己的一片好心向东流吗?"

"对呀，我差点忽略这点。"

最后这个宝妈给没给孩子报课我不清楚，但我清楚的是，报课不等于学习过程，更不等于学好。

较早的时候，我曾看到一个广告，说是"教授孩子技巧，快速记忆英语单词"。我一看，有这么好的方法，学了用了，孩子学英语就轻松多了。于是想着让孩子试一试，万一有效果呢。最终的结果是，钱也花了，课也上了，但上完之后，基本没什么效果。后来我用了妹妹教给我的方法，女儿的英语成绩大大提高。

而类似"大家都在学，难道你想让你的孩子落后吗"这样的话，更让我反感。"贩卖焦虑"，百度上是这样定义的，指的是网络账号或营销团队通过增加人们对于某事或者某物的焦虑感，来从中谋取利益。

某些话题或者文章，因为传播力度比较大，范围也比较广，人们不知其中的利害关系，很容易受到影响。

育儿即育己，想把孩子教育好，首先自己要好好学习知识，这样才能跟上孩子成长的脚步。而很多家长却以为交给别人就可以了。

教育的初衷是什么？是要培养一个自信、积极、阳光、自律、具有自我驱动力的孩子。可很多妈妈却只关注孩子英语考得好不好，奥数题会不会做……

而且，人们都在关注孩子该如何健康成长，却很少关注妈妈的心理。如果真为妈妈好，就应该给妈妈们创造一个良好的大环境，给予她们帮助和呵护。

那妈妈们怎样才能让自己变得平和呢？

1. 不要被信息裹挟

也许自己还不够优秀，但我们也要擦亮眼睛，不是某个"专家"说什么就是什么，也不是某本书上说这样对我们就这样做。妈妈们要有属于自己的想法。

2. 放下对自己的期待

任何一个妈妈都不可能成为一百分妈妈。妈妈不可能随时做出孩子喜欢吃的美味，也不可能马上学会解决孩子的所有问题，更不可能看了一些书之后就把那些知识全部内化。

妈妈要允许自己慢一点，接纳自己的不足，不断学习，不断成长。

3. 用平常心对待孩子

妈妈们的初衷是想教育一个健康快乐的孩子，但走着走着，对孩子的要求变高了。应该以一颗平常心来对待孩子，孩子有很多问题没关系，妈妈要慢慢引导。自己做得不好，也没关系，我们慢慢来。

妈妈要学会看清现实，从那些纷杂的育儿理念中解脱出来。真正的教育，一定是在尊重孩子的基础上给予孩子一定的空间，找到适合孩子的最佳教育方式。

妈妈要勇敢地对那些焦虑说不——我的地盘我做主。

04 相信自己

"小米妈妈，我家老大总是不听话，老二每天都不好好吃饭……可这其实都不是事儿，我最难过的是我已经很努力了，也已经很用心了，我很努力地在教育老大，也很用心地换着花样给孩子做好吃的，可问题还是没有解决。特别是孩子爸爸回来的时候，看到孩子不听话、不好好吃饭，就会说我。你知道吗，我很难受。"

一天，有个妈妈给我发了这样一段话。看完这段话，我如鲠在喉，陷入了沉思，其实我也有过这么一段时间。

记得那是在我家老大上二年级的时候，老二才一岁。一天早晨，我正在收拾家，忽然女儿的班主任打来电话说女儿肚子疼，没办法上课，让我带她去医院看看。

挂完电话，把老二抱到邻居家，我骑着电动车，匆忙就往学校赶。一路上我还在想，早饭吃得好好的，怎么就肚子疼了呢？

到了学校，我发现女儿无精打采地趴在桌子上，敲了敲门，把她从办公室里接了出来，然后直接带她去了医院。看完之后，医生说孩子只是肠胃有点炎症。回到家后，赶紧给老大吃药，又把老二抱过来，开始着手准备午饭。

恰巧先生回来，一进门就看到我在煮粥。我说孩子生病了，特意煮的粥。此时，操劳感和一些担心涌上我的心头。如果先生要埋怨我，我会觉得很委屈。

首先，作为妈妈，特别是全职妈妈，要照顾家庭、抚养孩子，这在很多人看来不是一个岗位，也就不是一份工作。全职妈妈所做的这一切都是理所当然，容易被个别的爸爸忽略。而妈妈们自己可能也容易忽略，养育孩子是一件重大的事情。

其次，一个女性长期待在家里，没有收入或者很少收入，自我价值感会很低也会造成一定的影响。

价值感，百度上是这么说的，指个体看重自己，觉得自己的才能和人格受到社会重视，在团体中享有一定地位和声誉，并有良好的社会评价时所产生的积极情感体验。有此情感体验者通常表现为自信、自尊和自强。

如果说我们做一份工作，把这份工作做到精益求精，这就是价值感的体现。在一个家庭里，妈妈能够把家庭经营好，把孩子抚养好，也就是在为社会作贡献。养娃其实就是一项大事业，可有些人意识不到，没有给予全职妈妈肯定和尊重，对她们的努力付出和成绩也没有足够的认识和理解。

我们照顾孩子，孩子每天都在成长。我们每天都会遇到很多问题，有时候应接不暇，有时候不知所措。培养出家教良好、身体健康、积极向上的下一代是目标，妈妈们不怕为家庭和孩子付出，就怕得不到家人的理解和支持。

请一定不要怀疑，很多事情不是用价值多少就能衡量的，男人在外工作赚钱养家有价值，女人在家操持和养育孩子同样也有重大价值。

生儿育女是女人的天职，即使一个人带着孩子又疲惫又辛苦，但看着孩子一天天成长，心里也是甜蜜的，但最怕的是亲人的指责和抱怨，那让我们感觉自己就像飘到了一座孤岛上。

如果把育儿当成一种工作，那么无一例外，新手父母都是这个职场的新人，都要重新学习。既然是工作，又不懂，也没有人培训，那难免会出错，出错了也没关系，自己牢记教训，下次不犯就好了。

因此，不要把自我价值建立在周围人对你的评价上。育儿这件事，没有人天生就擅长。真的成为全职妈妈才发现，首先应该有一颗强大的心，才能带领着孩子走向更美好的未来。高尔基曾说：世界上的一切光荣和骄傲，都来自母亲。的确是这样，对此我们不应忽略。

电视剧《主妇也要拼》里有这么一个片段，说的是丈夫喝醉回来，对他的妻子说自己是一家之主，在外面工作养家，妻子在家什么也没有做，还要他拿钱回来。于是妻子就按照市值来计算，向丈夫一笔笔地计算自己对家庭的付出，只是从经济上来算，已经高于丈夫了。

在一个家庭里，我们如何给自己定位也很重要。心理学家温尼科特曾说，在成为母亲之前，你或许有自己的生活方式，可一旦成为一个母亲，你就要适应孩子，而不是相反。

我们要适应生活，我们也要尝试着改变生活方式。孩子是我们不能割舍的一部分，我们应该像鲸鱼一样，虽然有藤壶附身，依然在海里翻腾跳跃，带着藤壶体验生命的美妙。

虽然我们是一个妈妈，却也可以提升自己的价值，让自己发光发热。只有不断充实自己，才能找到属于自己的价值。

养育孩子是一项长久的工程，如果说我们想在短时间内就看到效果，那有点不现实。就像我们种下一颗种子，经过春风雨露、浇灌剪枝，数十年如一日，才能长成一棵顶天立地的大树。

最重要的是，要相信我们的孩子一定会在适合的年龄开花结果，而我们要做的就是等待。价值感与我们同在，它一直深藏于我们的内心。我们需要为实现自己的价值而行动，只要行动起来，才能有收获。

05　婆媳关系

知乎上曾经有一个问题：与婆婆相处融洽，是一种怎样的体验？

有的人就是可以跟婆婆和平融洽，比如我认识的大杰妈妈，在很多人抱怨自己的婆婆时，她却感觉自己是最幸运的那个人。

她和婆婆因为教育孩子的问题也会发生矛盾，但当她聊完利弊之后，婆婆也能够懂，还会支持她。

她是远嫁，婆婆从来没说过她的不是，反而告诉儿子对媳妇好一些，坐月子的时候更是把她照顾得很周到……

当然，她对她的婆婆那也是没得说。

婆媳如何相处融洽呢？

首先，要有边界感。

什么是边界感？所谓边界感，指的是两者之间保持一定的距离，不要将自己的意愿强加到别人身上。

个别父母以爱之名，干涉子女的婚姻和生活。其实，在孩子结婚之后，应适时地退出孩子的生活，因为他们已经成立了自己的家庭。

个别媳妇以自己妈妈的标准来要求婆婆，当婆婆达不到自己的要求时，就会失望，就会觉得自己不像家里的一分子，从而就会产生抱怨。

学习更多知识，女性就能够拥有适当的边界感。如果彼此没有边界感，就会出现诸多问题。

其次，要注意育儿观念上的不同。

一些婆婆都喜欢用自己曾经养儿子的方式来养育孙子。"婆婆花了三年时间教会孩子穿秋裤，妈妈却花了三秒钟让孩子脱下秋裤"说的就是这样的差异。

上一辈的人看不惯现在的年轻人教育孩子的方式，觉得"太矫情"了；而年轻人总是有些怀疑，觉得老一辈不懂变通、故步自封。

　　用老一辈的话说，我虽然不懂什么科学育儿，但我的孩子，你的老公（你的老婆），不也教育得很好吗？年轻人则想把孩子教育得更好，因为时代、环境不同了，所以理念和方法自然也会有所不同。

　　在二十世纪五六十年代，孩子也比较多，生活条件很艰苦，能够保证孩子的温饱已属不易。但二十世纪八九十年代开始，孩子减少，条件有所改善，人们有更多时间和精力更关注孩子的成长，除了注重孩子的身体健康之外，还开始重视科学育儿。

　　科学育儿，不仅要养大孩子，而且要养好孩子。正所谓：养好一个孩子比养大一个孩子难。

　　妈妈的用心良苦有目共睹。时代在进步，社会在发展，观念的转变不是一朝一夕的事情，理解需要持续努力。

　　一位情感主播曾说，在处理婆媳关系时，一定要做到两句话：视如己出关爱、相敬如宾对待。

　　一段好的关系不仅需要夫妻双方来维持，还需要婆婆学会放手，所谓放手，并不意味着不管儿子，而是在不干预儿子生活的情况下，给予儿子一定的自由。

　　当然，作为媳妇，也不能不需要老人帮忙时要求老人放手，需要老人帮忙时自己却不学会放手。要记住，一切都是对等的。

作为媳妇，要自己拎得清。在做好本分的基础上，升华到情分，这样两个人才能够在彼此的界限中看到彼此的优点，也才能更好地给予对方理解和包容。

虽然在育儿观念上有所不同，但我们爱孩子的心情是一样的，我们的出发点也是一样的。很多时候，之所以出现问题，是因为没有找到正确的沟通方式。当我们找到了正确的沟通方式，很多问题也就会迎刃而解。

作家德莱塞说："和睦的家庭空气是世界上的一种花朵，没有什么东西比它更温柔，没有东西比它更知道如何把一个家的天性培养得坚强、正直，人生真正的幸福和欢乐，浸透在亲密无间的家庭关系中。"

我们要想情绪平和、家庭和睦，就需要一起来共同用心经营和维护。高情商的媳妇要学会把婆婆和亲妈"区别对待"；夹在中间的丈夫，既要照顾好妻子的情绪，又要安抚好妈妈的心情。

那如何做才能让婆媳和谐相处呢？

1. 学会相敬如宾

这里所说的相敬如宾，并不是说要把对方当宾客一样对待，而是我们要亲切恭敬，作为媳妇，尽量不跟婆婆顶嘴。做自己该做的事情，看得明白，拎得清就好。

2. 有了育儿问题，要学会沟通

很多时候，遇到育儿问题，妈妈总是忍不住生气。其实大可不必，当育儿有分歧时，可以安静地坐下来，说说各自的想法，分析利弊，觉得谁的方法好就用谁的。沟通是打开矛盾大门的钥匙。

3. 在适当的时机把男人拉出来

丈夫是两个女人之间的调和剂，在适当的时机要把他拉出来。让男人来维持婆媳之间的关系，搭建好婆媳之间的感情桥梁。正所谓丈夫有什么样的态度，家庭就会产生什么样的温度。

婆媳之间难免有摩擦，但是我们要学会在摩擦中仍旧尊重和体谅，这样的家庭才会温馨，才会让人身心愉悦。

06　亲人离世

"我的奶奶走了，因病情严重她永远离开了，回去之后再也没有人唤我的小名，站在村口等我回家，也没有人拉着我的手嘘寒问暖了，奶奶住的房子，如今也没有了生气……我的心里好难过，也很悲伤，以前一直觉得我们还有很多时间相见。一直觉得等有时间了，就回去看看她，给她买好吃的……

可是还没有来得及，她就离开了我们，如今阴阳两隔，我觉得还有很多事情没有做，很多孝心没有尽到。我感觉痛苦，在孩子面前又不能哭，怕吓着孩子；在先生面前，我也不敢哭，怕他也跟着难受。我该怎么办呢？"

那天朋友给我发来了这样一段话，一时之间我竟不知该怎么安慰。我知道，失去亲人的情绪需要自己来消化，别人起不了什么作用。随后，我陷入深思中，我突然想起了另外一个妈妈。

这个四十多岁的妈妈，在几年时间里，相继失去了四个亲人。当一个个鲜活的生命消失，她体会了生离死别，体会到失去亲人之后无法言语的伤痛。在伤痛之中，她感受到人这一辈子除了生死，其他都是小事。不管遇到什么事情，都不要为难自己，因为没有哪一个冬天不可逾越，没有哪一个春天不会来临。

亲人离世，我们每个人都会经历悲伤，都会有情绪。这些情绪从哪里来呢？

首先，事发突然，无法接受。

很多事情在我们无法预料的情况下突然发生，所以我们的内心无法接受现状。在死亡发生时，家属却并不在现场，没有见上最后一面，内心会产生抗拒感，不愿意接纳。

亲人离世会给我们带来伤痛，由此引发一系列情绪。最初是否认阶段，当我们得知亲人离开的消息时，大部分人不愿意承认，从而出现震惊、伤心等各种情绪；经过情绪爆发阶段，接受了事实后，开始变得痛苦、愤怒、难过；第三个阶段是回顾和告白，会回忆起和逝者之间的点点滴滴，想跟逝者对话，慢慢开始接受现实，决定开始新的生活；第四个阶段自我修复，会将逝者深深地放在心里，内心逐渐变得平静。

其次，会因为内疚而难受。

有很多次我们可能会对自己说，等下次一定要带他（或她）出去走走，下次一定要去看看他（或她），下次一定带他（或她）出去吃好吃的，带他（或她）出去看最好的风景……

可这些事情我们都还没有做，还没来得及做，亲人却已离我们而去。我们会觉得愧疚，会埋怨自己为什么不早点去做这些事情。

在我们成长的过程中，都会经历亲人离世，我们也总要学会面对这样的时刻。这些时刻会让我们对生命有新的领悟，与其活在过去，不如想办法走出来。

我曾经看过一个故事：一只鸟刚刚逃离开其他动物的攻击，非常疲惫。它停在树上休息，望着眼前的美景，被深深地吸引。这时，一阵大风吹来，树枝来回摇摆，仿佛就要被狂风折断。鸟儿却并不担心，因为即使没有树枝，它也可以借助自己的翅膀安全着陆。没了眼前的这棵树，其他的树也可以成为自己的栖身之地。

我们要明白，失去的已经失去，生活还要继续。有很多亲人，我们依赖他们，爱他们，害怕失去他们，但必须接纳他们终将会从我们的生活中消失这个事实。

我们赤条条来到人间，一无所有，而后慢慢有了很多东西，有了七情六欲，也有了爱。我们在得到的过程中，也在慢慢失去。我们得到了父母，但他们注定有一天会离我们而去。结婚后，我们拥有了爱人，远离了父母。人生就是不断得到又不断失去的过程。

接受失去是我们生命循环的一个部分。有出生就会有死亡，有生长就会有衰败，这是自然的法则，无可逆转。就像花儿开了会凋谢，太阳升起月亮就会落下一般，自然界的万事万物都有它的规律。人亦是如此。

既然无可逆转，我们就要学着面对。就像有句话所说，死者长已矣，生者常戚戚。

从失去亲人的悲伤中走出来，把思念深深地埋在心底。我们自始至终要明白一个道理：好好生活！

亲人离世，妈妈会伤心、会难过，有些时候还不敢大声哭出来，压抑自己的情绪和感受。就像上文所说，不能在孩子面前哭，怕把孩子吓着；不能告诉爱人，怕他也跟着难过。

我们要学会正确排解自己的情绪，让自己从这巨大的悲伤中走出来。都说陪伴是最长情的告白，有时候无声的陪伴才是最大的安慰。可以找另一半，让他陪伴我们，我们把内心的伤痛、无助、难过通通说出来。当我们说出来时，会发现那些悲伤难过已经减轻。

那我们应该如何做呢？

1. 接纳事实

很多人之所以一直难过，是因为不愿意接纳事实，不愿意相信亲人已经离世的消息。接纳事实是我们看到了真相，但我们依然相信生活会很美好。

2. 要学会正确排解

找一个自己值得信赖的人，或朋友或亲人，倾诉自己内心的感受或者大声哭出来，从而让自己明白，失去的已然失去，未来的路还长。

3. 转移注意力

当忧伤难过袭来的时候，我们要学会转移注意力，去做一些自己想做的事情，比如学习、看书、听音乐都是不错的方式。

我们来人世一遭，有了相聚难免会有别离，在相聚中珍惜，在别离中珍重。珍惜每一次相遇，珍惜每一份情感，把那些亏欠化作行动。能爱就努力去爱，能相聚就创造机会，能陪伴就马上行动。

第三章　保持情绪稳定

01　孩子需要爱

我去一个许久未见的朋友家做客。

一进门我就发现了异样，以前她的女儿活泼开朗，一看到我来就阿姨长阿姨短地叫个不停，我也很喜欢这个孩子。

可是我那天见到她的时候，她只是躲在妈妈的身后，看到我也没打招呼。朋友问她："有客人来，你不知道打招呼吗？"

孩子小心翼翼地说了一声："阿姨好。"

我和朋友就开始拉家常，聊着聊着我就知道问题出在哪里了。

朋友抱怨自己带孩子有多辛苦，但自从孩子上了学后，学习不努力，她就觉得孩子这也不对、那也不好，"缺点多多"，于是就经常批评孩子。

最后，她叹了一口气说："我这也是为她好呀！"

听朋友这么一说，我知道在育儿路上，她还要走很远的路。也想到了前几年我带女儿时，也曾出现过这样的情况。

以前女儿胆子就比较小，不管做什么事情，都是放不开的样子。我总是想法子锻炼她，但因为不知道怎么教育孩子，见她做什么都看不顺眼，导致孩子很怕我。

印象最深的是有一天晚上，她要去房间拿玩具，非要让我陪。我把房间的灯打开，让她自己去，她还是不敢，我就把她推进了房间。没想到的是，她吓得哇哇大哭了起来，我还对此有些不解。

直到有一次，有一位老师在群里给大家答疑解惑。在解答的过程中，有一个问题一下子戳中了我的痛点。我才知道，自己的教育方式给孩子的心理和身体造成了很深的影响。

孩子变胆小，我却丝毫不知情，也不知道哪里出了问题，一直在用自认为正确的方式教育她。

那孩子变胆小的原因有哪些呢？可能跟环境和父母的教育方式有关。

首先，妈妈对孩子的期待较高。

很多妈妈对孩子的要求比较高，总希望孩子能够达到自己给他定的标准，在孩子达不到的情况下，很多妈妈会忍不住大声吼叫。

我们是第一次做妈妈，在教育孩子时，经常会遇到一些问题，比如孩子不听话、做事拖拉等，这时，个别家长会选择吼叫，甚至体罚孩子。

记得一本书中有这样一句话：用吼叫的方式教育出的孩子，不是叛逆、反抗，就是胆小懦弱、毫无主见。

吼叫带给孩子更多的是伤害。

其次，教育方式不对。

很多妈妈在教育孩子时并不知道什么样的方式是正确的，什么样的方式是错误的，有时候会把专家的一些方式直接拿来用，或者说，她们会把自己觉得正确的方式直接用在孩子身上。不按照孩子的实际情况来，就容易出现问题。就像个别妈妈认为把自己的孩子放到优秀的孩子里，或者说把孩子往外推，孩子就会变得更勇敢，但有时会适得其反。

胆小只是一种表象，背后的原因是孩子认为自己无法克服一些困难和障碍，担心自己在同学、老师或者父母面前出错而采取的一种自我保护行为。孩子会把遇到的问题归结为自己的原因，面对问题时，往往会选择逃避，因为害怕会出错。

赫尔巴特曾说："孩子需要爱，特别是当孩子不值得爱的时候。"

每一个孩子都会犯错，但父母的爱和理解却是孩子成长的温床。孩子懂事，父母的爱是锦上添花；孩子犯错，父母的爱是雪中送炭。我们的孩子并不完美，却是独一无二。

妈妈要及时觉察自己的教育方式，如果对孩子没有效果，就需要多反思，在反思中不断找到适合自己孩子的方式。

很多妈妈可能没有觉察到孩子跟以前不一样了，或者说没有注意到孩子的行为举止有异样。在生活中，我们要多观察我们的孩子，防止发现问题时为时已晚的情形出现。

正确的爱一定是积极正向的，引导孩子淡定从容地踏上自己的征程，朝着未来努力奔跑。不要让孩子成为自己情绪的工具，而是要相互搀扶、共同进步。

愿每个妈妈都能成为孩子心灵的守护者，守护他们健康成长，也守卫他们勇敢前行。

02　收起焦虑

"多亏你提醒我，让我问问孩子怎么回事，不然我一焦虑一着急准坏事。我也跟孩子分析过这件事情了，他也知道下次该怎么做了。"

看到朋友发来的信息，我忍不住笑了。这是前几天发生的一件事。那天晚上，我刚回到家，朋友就发来音频："我家孩子放学的时候和同学发生了矛盾，红着眼睛回来的。问了半天情况，他也不说，只是一个劲地咬手指头，我这个急呀。"

"你先别着急，孩子还没缓过来，你想啊，他现在心里难受，你没有安慰他，反而训斥他，一直就是问问问，孩子难受的情绪没解决掉，哪有心情回答你的问题呢？"

"那我现在该怎么做？"

"先安慰孩子，表示你理解他，给孩子换衣服，然后等孩子情绪缓和，再问怎么回事。"

"我真想直接找老师，或者找家长问问怎么回事。"

"现在不是找老师，也不是找家长的时候，等孩子情绪缓和了，先问问孩子到底发生了什么事情。"

"你一说倒提醒我了，等会儿我问问怎么回事。"

后来听这个朋友说，原来是孩子在和同学讨论问题时，发生了争执，被推了一下。朋友安慰了孩子，告诉他下次讨论问题时要注意点，有事情要及时告诉老师。

这让我想起了亲子作家龙老师曾经讲过的一个案例：有一个妈妈，她的儿子有一个坏毛病，睡觉的时候会咬被子，在学校的时候也会咬衣服，被钢琴老师批评。从那以后，他儿子就不愿意去学钢琴了。这个妈妈不知道孩子这是怎么了。

龙老师一语中的，告诉她："引导方法不对，因为老师当众批评了他，孩子的自尊心受到了影响。作为妈妈，现在可以带孩子出去走一走、玩一玩，先缓解一下情绪。"

再后来，这个妈妈发来一则好消息：通过交谈和引导，孩子决定先休息两个星期，等过了两个星期之后再去学钢琴。

问题最终得到了解决。

我们经常可以看到个别孩子喜欢咬领口、咬袖子。很多妈妈说孩子穿的新衣服经常被咬出窟窿。

这背后的原因可能是孩子内心紧张。特别是当妈妈也有情绪的时候，孩子的这种行为会更频繁。

那为什么孩子会产生这一系列的反应呢？

很多爸爸的工作需要早出晚归，基本上没时间陪伴孩子。而妈妈，不仅扮演着家庭中的重要角色，还要承担诸多事宜。有些职场妈妈除了上班，回到家里还要收拾家务，照顾老人和孩子。而妈妈的情绪也会传染给孩子，当情绪来临时，妈妈可能看不到孩子的内心需求，当孩子的需求不被看见、不被理解时，孩子只能忐忑地接纳眼前的事实。

孩子的性格不一样。有些孩子的性格比较倔强，坚持自己的观点；有一些孩子性格则比较内向，他们认为妈妈说什么就是什么，是自己的问题，不能怨别人，于是选择默默承受。

孩子跟妈妈意见相左时，渴望得到妈妈的理解与支持，可一些妈妈没能站在孩子的角度去思考问题，总是严格约束管教，想把孩子变成自己想象中的样子。

但很多事情往往会适得其反，问题就发生了。

就像我在朋友圈里经常看到一些妈妈各种焦虑和担心，担心孩子输在起跑线，担心孩子受到伤害，担心孩子比别人差……其实每一个孩子都有自己的成长轨迹，父母只要引领孩子不偏航就好，而不是一定要让他们走上自己希望的道路。

适度的焦虑能够获得高效率，过多的焦虑只会将妈妈压垮。正如爱默生所说：除了你自己，什么也不能给你带来和平。

孩子出现问题就需要父母多反思。我们养育孩子的目的是什么？最初不只是希望他健康快乐吗？怎么就上升到其他层面了呢？

我们教育孩子的最终目的是让孩子离开父母之后能够获得独立生活的能力。我们需要给孩子创造良好的家庭氛围，并且以身作则，把好的习惯和优良的品质传递给孩子。

我们也需要让自己不断成长和强大。我们能做的就是，把焦虑收起来，把平和的心态展现出来，认真陪伴、用心呵护。

让心灵长出温暖的花，让这些花开出灿烂的颜色，舒展开来，传递给孩子，让孩子心里充满阳光、充满温暖。

03　鼓励孩子

"我家孩子最近很奇怪，总问'妈妈，我是不是很笨呀？'"一位宝妈给我发来这样一条消息。

"孩子什么时候开始说的？"

"就这一两天。"

"你平常是怎么跟孩子说话的？有没有说过类似的话?"

"唉，你不说我还真没想起来，我以前是会这么说他。"

"好，那我知道问题出在哪儿了。你应该改变自己说话的方式方法，多从孩子进步的角度进行鼓励。"

"好的，我知道了，太感谢你了！"

跟她聊完天，我就想起了朋友给我讲的另外一件事。

有个妈妈看见孩子的字写得不好，一边训斥孩子，一边拿起了孩子的作业，直接把孩子的作业本撕了。孩子的眼泪在眼眶里打转，却努力没让自己哭出来，只是安静地低下头。按理说，这个孩子起码会哭或者反抗，可这个孩子什么也没做。

那孩子为什么会变成这样呢?

首先，所谓的"打击式教育"通常只有打击，没有教育。

父母对孩子有所期待没错，但有的父母对孩子过于严厉，也对孩子充满了太多不切实际的期待，不是望子成龙，就是望女成凤。当他们看到孩子没有按照他们规划的路线走，或者说安排的事情没做好时，便采用所谓的"激将法"。这样的做法非但没有效果，还让孩子离我们越来越远。

其次，孩子的价值观降低。

孩子年龄较小，他们的意识主要来源于两个方面：第一个是自我意识，也就是他们对自己的认识；第二个是外来意识，如果说孩子正在成长，无法达到自我认知，生活阅历较少，内心也不够强大，他们往往通过别人的评价来了解自己。

如果妈妈经常否定孩子，孩子便觉得自己很糟糕，内心会因为打击变得沮丧。"技术解锁教育丛书"中有这样一段话：独自做不好但在别人的帮助下能做好的发展阶段就是最近发展区。这不仅是学习者正在经历的区域，也包括他们在帮助下可以达到的区域。学习者不是在一段时间后一下子就获得了更高层次的发展水平，而是偶尔采取更复杂的方式，并充分利用各方协助，从而实现发展上的进步。

也就是说，孩子做不到时，父母需要给予孩子鼓励和支持。

知乎上曾有关于"是否应该对孩子进行'打击式教育'"这样的问答。

有一个高赞回答是：从小被打击的孩子容易谨小慎微，自我怀疑，因为"不管做什么，好像总有地方不完美"。

孩子小的时候没有评判能力，我们越否定孩子，孩子越会变得不自信。

有一项对 2006 名 18~35 周岁的青年进行的一项调查显示，大部分人曾遭受过语言上的打击。在孩子小时打击孩子，孩子长大后，影响依然会存在。经常打击孩子，时间长了，这些打击的话语会成真。更可悲的是，即使孩子已经闷闷不乐了，妈妈依然没有发现，还活在自我期待中。

心理学家詹姆斯曾说："在人类天性中，最深层的本性就是渴望得到别人的重视。"每个孩子的进步都会渴望被看到、被理解。

每个孩子都是独一无二的个体，有自己的秉性和天赋。作为家长，要学会客观看待孩子的缺点，发掘孩子独特的优点，在尊重孩子独立想法的基础上，为孩子选择合适的教育路径。

妈妈需要让自己的心安定下来，不要让自己的想法阻碍孩子的成长。激将法不是最适合孩子的，反向教育并不能给孩子带来好的学习效果。

妈妈可以夸奖孩子、鼓励孩子，但这需要一个度，掌握好了这个度，孩子就会变得闪闪发光。

当妈妈看到孩子不像平常一样积极乐观的时候，应该怎么做？

1. 及时发现问题，及时解决

当妈妈发现孩子异常时，需要进行反思。在教育孩子时，自己的哪些行为影响了孩子，应该怎么纠正，这才是解决问题的根本之道。

2. 当发现自己又打击孩子时，转换方式

有些话一说出口会发现说错了，妈妈们可以及时转换方

式：告诉孩子对不起，妈妈说错了，不应该这么说，如果妈妈以后这么说你，你记得要提醒我。或者妈妈可以给自己在墙上写个字条，让孩子提醒自己每说错一次，就在上面画一个正字。

3. 适当表扬孩子

哪怕孩子只前进一点点，进步一点点，我们都要给予孩子表扬。表扬孩子是为了让他们能够大胆地往前走。当然，表扬要有度，不能太夸大现实，要根据实际情况进行适当表扬。

我们是第一次做妈妈，难免有做得不好的时候，难免有做错的时候，但只要看到问题及时纠正就好。

妈妈不是一百分妈妈，孩子亦不是一百分孩子，后退一步，海阔天空，妈妈会看到孩子已在不知不觉间变得更好。

04 转换思维

有人曾说：愤怒之气就像一把双刃剑，不仅会伤到别人，也会刺伤自己。所以，切不可因一时的情绪宣泄，导致事后追悔莫及。

我想起了一个故事。

有一个男孩学习成绩不好，还经常逃课去网吧上网。有一天，老师给妈妈打电话，说她的儿子又逃课去网吧了。

听到这个消息的妈妈特别难过。她的先生几年前就去世了，她现在做着一份困难的工作勉强维持生计，没想到孩子还这么不争气，想着想着她的眼泪就流了下来。

可她知道，此刻必须先找到儿子。她一家网吧接着一家网吧地找，终于在一家网吧看到儿子，他正在兴冲冲地玩着游戏。

她本想上前训斥儿子，却看到一个父亲正在训斥他的儿子，这个孩子直接把父亲推开逃走了。

看到这个父亲的做法没有奏效，于是她换了一种做法。她当时什么也没有说，直接把孩子带回了家。

儿子本在等待妈妈的训斥，她却做了一桌子好吃的，并对儿子说："儿子，你老师给我打电话了，说你只不过是淘气了点，但是挺聪明的，只要努力学习，一定能够考上好的大学，妈妈也觉得你不笨，一定可以的。"

听到妈妈的鼓励和信任，孩子的内心被触动了，发誓一定要好好学习。几年之后，男孩收到了大学的录取通知书。

那一刻，他泪雨滂沱，跪在妈妈面前对她说："妈妈，我从来都不是一个聪明的孩子，是你一直没有放弃我。"

真的为这个妈妈的做法点赞，她选择转换思维和方式，为孩子的积极人生拉开了帷幕。生活在爱里的孩子，才能看到希望，扬帆起航。

　　为人父母，我们要学会管理好自己的情绪，打骂并不能解决问题。

　　为什么一聊到关于孩子的问题我们会产生情绪？

　　首先，环境的原因。

　　职场妈妈，除了要上班，还要关注孩子、关注老人，时间、精力有限，难免疲惫不堪，出现情绪。

　　全职妈妈，基本把所有心思用在了照顾家人和孩子身上，生活琐事较多，她们也容易掉进情绪的怪圈。

　　不管是来自哪一方面的压力，都可能导致妈妈无法平静地面对很多人和事，孩子出现的某一个问题，都可能成为妈妈情绪爆发的导火索。

　　其次，受传统观念的影响。

　　孩子有问题，用直接简单甚至是粗暴的方法来解决。觉得孩子"不打不成器"，"打是亲，骂是爱"，但打骂的背后却可能是无法承担的苦楚。

　　再次，没有教育经验。

　　很多父母，对于教育孩子没有经验或者不知道怎么教育孩子，就想当然地认为这样的方式是最有效的。可我们忘记了，孩子不属于我们，他们是独立的个体。

　　在个别父母的观念里，孩子是我的，孩子的生命也是我给的，我想怎样就怎样。孩子是父母生命的延续，父母应该尊重和理解这个生命。这样的父母总会把自己的种种不易和压力归结到孩子身上。

富兰克林曾说，处于盛怒中的人犹如驾驭了一匹疯马。

我们生活的不易，是为人父母需要承担的。我们看到了孩子身上的诸多问题，有没有反思过是我们所导致的？是不是我们没时间关注孩子，没时间陪伴孩子，没有多沟通，才会导致问题的出现？孩子现在不好，就代表孩子以后差吗？也许这一切只是"我认为"。

唯有爱才是治愈一切的良药。爱是妈妈和孩子情感世界的重要链接，有妈妈的爱，孩子会被融化、会被感动。孩子会在爱里有所行动，也会在爱里寻找自己。未来的某一天，妈妈会发现孩子在不知不觉中已然长大。

妈妈难免会有情绪，但不要把情绪带给孩子。最明智的爱是站在孩子的世界里看待孩子的事情，那时我们就会觉得清醒、自然——因为那个世界里站着另外一个自己，明是非、懂道理的自己。

05 做开心的妈妈

如果我跟你说我喜欢看动画片《小猪佩奇》，你会不会觉得很好笑？一个成年人喜欢看儿童动画片，是不是有点不可思议？

是的，我很喜欢这部动画片，从孩子第一次开始看我就喜欢上了，而且一发不可收，一集不落都看了。

每次看完，触动都很深。

最触动我的是猪妈妈。同为妈妈，她的乐观和爱笑给我留下了很深的印象。

每次他们一家在地上笑着打滚的情景，总让我为之动容。这样一个爱笑的妈妈，在对待孩子的问题上分寸也拿捏得很好。

记得第一集，佩奇带着弟弟在泥坑里跳来跳去，把全身弄脏了。一般妈妈遇到这种情形，早就气得想把孩子教训一通，可猪妈妈非但不生气，反而和蔼地提醒孩子们："如果你要跳泥坑，需要穿上靴子才行。"他们全家一起跳泥坑的情景，让我至今难忘。

我觉得孩子们有这样一个识大体、爱孩子的妈妈，真是太幸福了。每次看动画片时，总被猪妈妈的笑容所感染。

你可能会说，那只是一部动画片。

如果我告诉你，在现实生活中真的有这样一个人呢？

我是在几年前孩子参加的一堂写作课上认识了这位老师，让我印象最深刻的不是她的课而是她的笑声，每次讲课她都是人未到声先来。我那个时候还在想，这是一个什么样的女子，这么阳光，这么自信。

事实是，这真是一个不普通的妈妈。

她有多重身份，会很多技能，被大家称作"大侠"。

她说，她最得意的作品是两个孩子，这是上天送给她最好的礼物。她说这两个孩子是最好的孩子。

妈妈给予孩子这么高的评价，不仅因为她爱这两个孩子，而是这两个孩子在她的教育下，时时洋溢着幸福的笑容。

我翻看过她的朋友圈，无论什么时候，她和孩子总是喜笑颜开，那笑容如阳光一般温暖。孩子遇到了尊重自己、理解自己的妈妈，这样的孩子怎么会不幸福呢？

当孩子跟不上自己的节奏时，就觉得孩子不够好，殊不知妈妈这样着急的心态，反而打破了孩子的成长规律。孩子不管做什么，一定是从慢、错，到快、好的过程。

就像我的一个朋友，她的父母经常吵架，她觉得所有的家庭都是这样的。等她结了婚之后才明白事情恰恰相反，在新的小家庭中，她被先生治愈了。

阿德勒说："幸福的人用童年治愈一生，而不幸的人则用一生来治愈童年。"

妈妈的情绪就是孩子看见世界的窗口，我们在孩子面前展现出什么样子，他就认为世界是什么样子。

正如一位专家所说："母亲对孩子的影响是巨大的，尤其是情绪的影响，将伴随其一生，妈妈要做孩子的容器，陪伴孩子快乐成长。"

是的，妈妈能盛下多少快乐，孩子就能享受多少幸福。妈妈不仅要做器皿，还要做好孩子的榜样。妈妈想让孩子快乐、自信，自己首先要成为一个积极乐观的人。

一个不快乐的母亲是养不出一个快乐的孩子来的，孩子需要榜样，需要看到一个快乐的榜样。

这让我想起了梁再冰，林徽因和梁思成的女儿。她说在战火纷飞、生活简陋的情况下，母亲依然唱歌写诗，让可怕的颠沛流离成了她的美好回忆。

一个妈妈到底能带给孩子什么？一个妈妈就像孩子的一座靠山，也像孩子的精神食粮，她们能带给孩子坚强，让他们遇到困难时勇往直前，也能让他们抵御风霜，笑着面对生活的磨难。

也许妈妈总觉得自己以前生活的年代物资匮乏，现在条件好了，就想把最好的给孩子。物质上孩子是富足了，可精神上呢？

妈妈需要给予孩子精神上的支持，这些无形的力量是孩子立世的根本。妈妈的快乐会传染给孩子，妈妈的宽厚仁慈也会传递给孩子。当妈妈笑着去面对这个世界，这个世界也会回报妈妈以笑容。只有心里有阳光，才能照亮自己、照亮别人。

每个孩子的心里都住着一个天使，这个天使就是妈妈。

妈妈不仅是一个称呼，更是一份责任。挥一挥魔法棒，让妈妈先成为创造快乐的那个人，为孩子开创一片美好的天地。

第四章

妈妈好情绪，家庭有温度

01 学会平和

如果我问你，是愿意拥有健康的身体，还是病恹恹的身体？你一定会选择健康的身体。可是我们明明知道健康的重要性，有时却做着伤害身体的事情。

在一个家庭中，孩子听话，老公体贴，大概是幸福最好的状态吧。

没有哪个妈妈喜欢生气，只是控制不住自己的脾气，才引发问题的出现。适当地生气，能够让我们的情绪得到缓解，也是保护身体的一种机制，但如果过度，就会对身体造成伤害。

有一个词叫"郁结于心"，意思是说我们产生的不良情绪也会影响我们的身体。一项研究也证实了这一点。

不知道此刻的你在看了这些后有没有想过不发脾气或者少发脾气，如果你有这样的想法，恭喜你开始了改变之旅。

妈妈们要懂得爱惜自己的身体。我们需要看到自己的情绪，找出潜在的原因，为以后的健康身体和幸福生活打下坚实的基础。

1. 不要动不动就生气

当我们意识到生气对身体的影响时，可能心里的气就消了。

2. 学会正确看待事情

有很多事情的确不如我们的意，我们不如顺其自然。先生也好，孩子也罢，不要与他们争吵，也不要态度强硬，既然无法改变，就选择顺其自然。

3. 学会说"嗯"

当我们说"嗯"的时候，心里的气可能就消了一半。也就是说，我们接纳了现在的这个状态，接纳了现在的这个局面。

既然感觉到了，就不会那么生气了。好心态才能造就好生活，虽然生活不会尽如人意，但我们要懂得往枯燥的生活里加点糖，这样也可以让生活变得有滋有味，让我们的心情变得好起来。

02 蓄杯理论

如果我问你，你对孩子发过火吗？100%的妈妈都会回答发过。

是的，我们有时忍不住对孩子发火。

让我记忆深刻的是一个孩子画的一幅画：妈妈非常时尚，穿着高跟鞋，双手叉腰，头上冒着怒火。然后她配的文字是这样的：有一天，小女孩的妈妈回到家里，发现家里乱七八糟的，水也打翻了，还有书也扔在地上，玩具到处都是，妈妈很生气。爸爸和小女孩一看不妙，马上说"快跑"，然后他们飞快地跑走了。

当时孩子画的妈妈的表情和爸爸逃跑的样子十分生动形象，给我留下了很深的印象。

我之所以记得这幅画，是因为孩子真实展现出一个妈妈发火的场景。

这个场景对于我来说是也是十分熟悉。毫不夸张地说，在现实生活中，我曾经也是这样的。只要我一生气准备发火之时，女儿一看情况不对第一反应就是：开溜。

记得有一次女儿对先生说："爸爸，我觉得妈妈随时会爆炸，她一生气我就想跑。"

看来，我的坏脾气已经悄无声息地影响到了孩子，让孩子产生了害怕的心理。可能在孩子看来，很多事情妈妈不至于发那么大的火，妈妈的反应有些过激了。

那妈妈的坏情绪是从哪里来的呢？

妈妈内心想要"快"的节奏。比如对孩子捣乱，希望用讲道理的方式，希望孩子能马上变乖；给孩子纠正错误，希望孩子能马上改正；教孩子做事，希望他马上把这件事情做好……妈妈内心有这种"快"的节奏，当孩子做不到时，就会滋生坏情绪。

《怒气与攻击》一书中曾说：愤怒源于我们内心隐藏的怒的潜质。

这也意味着，产生坏情绪的根本原因是我们本身就有情绪。这个情绪就是"快"，希望孩子快点做这个、快点做那个，而且希望孩子不用说就做好，却忘记了孩子有自己的成长规律。

面对孩子，道理需要反复讲，错误需要反复纠正，事情要多做几次才能做好。我们习惯用成人的方式来要求孩子。可我们忘了，孩子还小，他们的心智、行为等还没有发展到一定阶段。他们从接受信息，到实践，再到能够做好，需要一个过程。拔苗助长只会欲速则不达，只会加剧我们的坏情绪。

如果妈妈一味地沉浸在自己对孩子的规划中，却没有真正站在孩子的角度规划属于他们的人生和未来，更没有想过孩子在每个年龄阶段都有自己该做的事情，那我们对待孩子的方式也需要调整改变。

我们在自己的世界里给孩子画了一个圈，把孩子围了起来，我们觉得这是为孩子好。孩子没做好，我们就生气，无意之中就会伤害孩子。

在知乎上，曾经有这么一个问答：有没有生了孩子的宝妈感觉自己脾气躁、火气大？结果下面很多人评论感同身受。

我们生气，我们的情绪也会对孩子造成影响。专家认为，即使孩子只有几个月大，也能够轻易地辨别出妈妈的情绪。在实验中发现，婴幼儿对妈妈的高兴情绪存在偏好，这也说明妈妈的情绪直接会影响孩子。

妈妈有什么情绪，孩子就会有什么样的心情。

《游戏力》一书中曾提到了"蓄杯理论"。大意是，每一个孩子来到这个世界上时，都是空杯心态，快乐的妈妈给孩子装的是爱和幸福。那些杯子里装满爱和幸福的孩子，将来也会成为一个快乐的人。

是不是不发脾气的妈妈才是一个好妈妈呢？当然不是，因为妈妈也只是一个普通人而已。妈妈不要苛求自己完全不发火，而是要从发火中看到自己的情绪，从而学会修正。

教育孩子本就是一项艰巨和艰难的任务。既然是持久战，我们就要做好准备，首先让自己的情绪变得平和，心中对孩子装满爱，装满爱才能带领孩子快乐前行。

03 沟通与宽容

"我发现我和先生总是因为一些鸡毛蒜皮的事情吵架，吵到最后筋疲力尽，这样生活好累啊。"朋友在微信里说道。

"怎么了？"

"孩子发烧，我在忙，让他去买药。买回来一看不是我要买的那种退烧药，他还说没关系。就这样，你一言我一语地吵了起来，他摔门而出。"

原来，吵架的时候，情绪会把我们拉扯起来。

这让我想起了另外一个故事。

夫妻俩吵架，女人说："这日子没法过了！"

男人说："我给你当免费保姆，你去哪儿我就去哪儿。"

女人刚喝进去的水被喷了一地。

男人问："你去哪儿呀？"

女人说："我去买菜，给你做红烧肉吃。"

男人说："我陪你吧！"

女人问男人："为什么每次吵架你都让着我呢？"

男人说："我一米八，你一米六，跟你说话，我不得低着头吗？"

同样是吵架，不得不佩服这个男人的高情商。

好的夫妻关系要懂得借坡下驴，而不是两个人一直执拗着，非要争个我对你错，时间久了，迟早得出问题。

生活中哪有不吵架的夫妻，对于一些夫妻来说，吵架是一种情感宣泄的方式，也是夫妻生活中不可缺少的一部分。

感情再好的夫妻也有心情不好的时候。有些夫妻会吵架，在吵架中增进了彼此之间的感情；有些夫妻不会吵架，只会给彼此添堵。所以要教会丈夫，在生活中不要把女人当作自己的对手，身为一个男人，要懂得爱护和尊重自己的女人。

女人需要的是被理解、被感动，而不是被说服。我们要明白，家是讲爱的地方，不是讲理的地方，放错了位置，自然就产生了错误的效果。

曾经有一项婚姻状况调查显示，很多家庭的夫妻之间有吵架现象。在有吵架现象的被调查者家庭中，大多数属于偶尔争吵，只有个别的属于经常争吵。女性较男性更关注夫妻争吵的数量，而男性则对争吵的程度更加敏感。

关于吵架原因，大多数被调查者称，是男女两方面都有过错。如果一方不对，对方没有给予充分理解，或者双方都在不理智状态下，才发生吵架。所以吵架也可以是生活中的添加剂。

为什么会吵架？

首先，不会正确沟通。

人和人之间沟通最为重要。由于双方的立场、环境、背景等不同，在跟对方交流的时候，很容易误解对方的意思。

有情绪时，忍不住以自己的想法用语言指责对方，导致冲突升级。

有没有发现，吵着吵着，我们就不是在争对错了，就像是要争一口气一样，这个时候是很容易被情绪牵着走的。

其次，控制不了情绪。

我们最大的敌人是藏在身体里的情绪。我们一旦被情绪所左右，就会冲动，口不择言。

怒火就像被点燃的狮子，张着血盆大口，气冲冲而来。我们发怒的时候，先缓和一下，这是最好的方法。

即使是恩爱夫妻钱钟书和杨绛，他们之间也会吵架。

钱钟书说，夫妻吵架是世界上最可爱的战争，就像一把剪子的两叶刀片，你看它们互相砍来杀去，但绝不会伤到对方，大战三百回合后竟相安无事。

两个相爱的人走到一起，不管是磨合还是生活，都需要一个过程，吵架也在所难免。不管是因为孩子的问题，还是因为工作上的事情，抑或是因为赡养老人的问题，我们都需要学会冷静思考，想一个折中的办法。一味争吵只会把两个人困在情绪当中，无法自拔，最后两个人筋疲力尽，家庭满目疮痍。

所以在一段婚姻里，不要争高低，也不要争输赢，彼此宽容才是婚姻里应该有的态度。

04　保持好情绪

　　说起妈妈的情绪，我就想起了我的妈妈，不管什么时候，她总是恬静温柔，岁月静好的样子。

　　我的妈妈特别温柔，从小到大基本上没怎么打过我们，顶多说我们几句，不管什么时候，总是笑盈盈的样子。我们姊妹几个多少受到了妈妈的影响，脾气都比较温和。

　　以前一直没觉得妈妈的情绪到底对我们有什么样的影响，直到朋友给我讲了她的故事。

　　朋友的外婆也很温柔，朋友的妈妈一直以为妈妈就代表了温柔。可是嫁为人妇，进入另一个家庭，朋友的妈妈才看到另一个妈妈——婆婆的样子。婆婆是那种嗓门比较大的女人，对家里人也比较挑剔，谁做得不好，就开始念叨了。

　　在婆婆眼里，公公爱酒胜过爱她，为此，婆婆心里总是不平衡，觉得公公自私。

　　公公以前就喜欢喝酒，可是因为家里没钱一直舍不得，现在经济条件好了，想喝点小酒，所以只要喜欢就会买回来。朋友刚嫁过来时，不习惯婆婆和公公吵架，怕一不小心自己做错事挨批。

　　庆幸的是，朋友遗传了妈妈的好脾气，不管家里发生什么事都很淡然，不加入其中，也不在背后说三道四。虽然她家先生脾气不是很好，但在她好脾气的引导下，现在他们相处非常和睦，家庭关系和谐，一片幸福的景象，连很多朋友都羡慕不已。

但我知道，妈妈的好情绪会影响我们一辈子。正如童话大王郑渊洁所说，母亲的含义是影响。

一个家庭到底幸不幸福、快不快乐，看一看母亲的情绪就知道。妈妈的好情绪，就像孩子的起跑线。妈妈情绪好，孩子的心情就会好。孩子心情好，思维能力好，学习能力就会上升。

德国大作家歌德拥有很多成就，他曾多次感慨，他的成就源于他的母亲。歌德说过，他有一个温柔快乐的妈妈，妈妈一直引领自己在文学的海洋里畅游，让他找到了属于自己的天堂。

在歌德小的时候，妈妈就注重培养他独立思考和独立生活的能力，而且总是以身作则来感染他。歌德小的时候很喜欢木偶戏，便和其他小朋友一起练习。但是妈妈发现有大人在场时，歌德表演不自然，有一些害怕，吐字也结巴。歌德的妈妈就特意找来了亲朋好友充当观众。从此以后，歌德不再害怕，他不断演讲，后来不仅口齿变得伶俐，而且讲得声情并茂。

歌德的妈妈是他人生路上的导师，引领他发现了人生的真善美，他才能写出文学巨作。

妈妈情绪好，家就是孩子温馨的港湾，孩子能够在家中感觉到自信、快乐，家就是促进孩子进步的源泉。

俗话说，贤妻夫祸少，家和才能万事兴。在一个家庭里，妈妈的脾气往往决定着家庭幸福与否。

这让我想起了关于钱钟书和杨绛先生的一个小故事。

有一次，钱钟书和杨绛带着女儿在外面吃饭，杨绛发现女儿盯着别人的饭桌看，就提醒女儿说："你这样看别人是不礼貌的。"

女儿回答："爸爸妈妈你们看，他们在吵架，他们两个人谁也不理谁。做他们的孩子太可怜了，感谢你们让我成为你们的孩子。"

从他们女儿的话里，我感受到了钱钟书和杨绛先生在生活中真的是特别恩爱，言传身教地让孩子感受到了。父母相爱的样子才是孩子将来幸福的样子，也是这个家温暖的样子。当孩子充满了爱，他们才能够热爱生活、爱别人、爱这个社会。

我曾看过一则小学生采访视频，其中有一个问题是：当你看到你的父母秀恩爱时，你想说什么？

一个小女孩儿说：爸爸喜欢妈妈，我觉得很幸福，让我感觉就像躺在温暖的被子里。

另外一个孩子说：我觉得挺好的，爸爸妈妈开心，我也觉得很幸福呢。

就像我和先生经常带着大宝、二宝一起去公园，先生抱着二宝，我拉着大宝，我们一家四口就这样一起走着。女儿经常说："爸爸妈妈，我好喜欢你们在一起的样子呀，我觉得又开心又幸福，好想就这样一起走下去。"

当夫妻彼此都很爱对方时，孩子也能够感受到，他们的内心也会觉得幸福快乐。当我们把这种爱传递给孩子时，孩子也会受到滋养。

一个妈妈的情绪决定了家庭的温度。妈妈情绪好，家里阳光普照；妈妈情绪不好，家里乌云密布。

有研究者曾做过相关研究，得出一个结论，女性的情绪能量远远超过男性。母亲是家庭的灵魂，母亲快乐，全家快乐；母亲焦虑，全家焦虑。母亲的情绪影响着整个家的氛围，也影响着孩子未来的人生走向。

曾有人做过一个调查：家庭经济条件有限，只能选择男孩和女孩其中一个接受教育，你会选择哪一个？结果绝大部分家庭选择了女孩。

的确是这样，当你教育一个男孩时，你教育的只是一个男孩；当你教育一个女孩时，你教育的是一个家庭和下一代。

拿破仑曾说，推动摇篮的手就是推动地球的手。这双手来自母亲，这双手可以给孩子爱和温暖，也可以让家更温馨、更美好。

第五章　在情绪中成长和历练

01 看到情绪，走进情绪

"姑娘，你是职场妈妈吗？"

"不是，我是全职妈妈。"

"看着不像呀，我看你会穿着打扮，而且很有气质，还以为你上班呢。"

"阿姨，我不上班，在家带孩子呢。"

"真看不出来呀……"

阿姨一直疑惑地看着我。

其实不仅别人说我变了，连我身边的很多朋友也觉得我变了，变得更自信、更阳光、更快乐，也变得会打扮了，跟之前的我判若两人。

在 2016 年，我生下二宝后，婆婆照顾了我一段时间，因为有事回去了。本想着她还能来，结果她因为身体不适，来不了了。当时的我接受不了。因为先生工作的特殊性，他一个月只能回来一次，而妈妈去世多年，我感觉有点儿无依无靠。

婆婆不再来了，意味着两个孩子都需要我来带，一时半会儿适应不了这种状况，加之我觉得婆婆就应该来帮我带孩子，有了这种想法的我就一直困在情绪里出不来。

直到两年后的一个早上，我带二宝去广场溜达，有一个宝妈跟我聊了起来，聊着聊着，她突然对我说："你有没有发现你一说话就抱怨，而且自始至终都没有笑过。"

我一听笑这个词，觉得好陌生，我好像真的许久没有笑过了，都快忘记笑是种什么感觉了；也不知道自己一说话就抱怨，我许久没跟别人说话了。

后来我认识了龙老师，当时我加入了她的写作班。她看我写的一篇文章后，说了一句话："你把你的心门紧闭了，写出来的文章没有感情呀！"

我就在想，什么是心门呢？再一想，我就明白了，我以前不是这样的，我以前是一个特别阳光的人。自从有了二宝，没人帮忙带以后，我好像真的把自己的心封闭了，我觉得自己之所以成为现在这样，都是别人的错。

龙老师说："帮你是情分，不帮你是本分，这句话放在任何时候都不为过，你自己好好想想。再者，孩子是你自己的，你自己带不是更好吗？如果你一辈子生活在自怨自艾当中，你觉得你自己能幸福吗？能带给家人幸福吗？"

我细细品味龙老师说的话，想了很久，终于明白了。以前我一直在自己的执念里出不来，觉得婆婆就应该照顾媳妇月子，婆婆就应该帮忙带孩子，但龙老师的话点醒了我。最重要的是孩子是你自己生的，如果亲妈都不想带，还指望谁来带？

如果妈妈都自怨自艾，那孩子能够快乐吗？我一下子清醒过来。也是从那一刻起，我接纳了自己，接纳了现状，也接纳了自己的情绪。我也知道我的情绪是从哪里来的。

既然知道，那就做出改变。

刚开始时很容易掉进情绪里，特别是刚要送老大上学，老二哭了，那个时候情绪就来了。我会让自己先冷静下来，告诉自己别着急，先想办法。这招还真管用，我就想到了，家里有一个小度音响，我给孩子放着儿歌，再去送老大。

等我回来时，孩子有时睡着了，有时自己在哭，有时在自己玩儿，还是有些许心疼的，可我知道此刻最主要的是赶紧解决问题。

就这样，遇到问题解决问题，慢慢地，我发现自己不再抱怨生活；慢慢地，我脸上的笑容多了起来；孩子也慢慢长大，越来越好带了。

我以前一直在婆婆必须帮我的执念中不能自拔，正是这种情绪，让我滋生了抱怨、委屈、难过等一系列的感受。

当我明白过来时，接纳了现状，我的生活也开始朝着好的方向发展，家里也充满了欢声笑语。

在二宝出生后两年的时间里，我的思想出现了问题，也就是我产生了错误的认知，这种认知导致我产生了错误的想法。当想法上升到情绪时，情绪就变成了具有强度的思想。情绪产生了，感觉心里不舒服。而且我之前并不觉得这是情绪，只觉得这是感受，我一直生活在这种状态中，已经是问题了却不自知。

我被自怨自艾的情绪笼罩了，或者说我已经习惯了，变得不会笑、不愿意笑，也不愿意诉说，整个人是一个憋着的状态。就像有一个故事：一个人在大象很小的时候，就把它拴在了一个树桩上，当有一天大象长大了，它有力气把这个树桩拔起的时候，它却不会去做这个动作。因为它被困住了，它被自己的思维和想法困住了。

我不就像那只大象吗？我用自己的思维和想法把自己困在自己的城堡里，等我走出去的时候，才发现天很蓝，外面的世界也很美好。

只有我们真正地看到了情绪，才能走出情绪。我正是通过别人的一番话，真正看到了自己的情绪，不断寻找情绪的根源，通过努力找到了属于自己的幸福和快乐。

人生路上那些看起来不好的东西，也许是生活带给你的祝福或者礼物。当你从这些情绪里走出来时，你会发现，你的人生不一样了。

02　反思自己的行为

以前我一直觉得，打骂孩子是因为孩子不听话，直到有一次和孩子对话，让我对自己的行为有了更深的反思。

记得那是一个周二的中午，孩子们都有午休的习惯，我叫完老大起床，又叫老二。老大马上就起床了，老二叫了半天，磨磨蹭蹭就是不想起床。我见老二还没起来就有点生气，说了她几句，结果她还是没反应。当时我没忍住，屁股上直接啪啪几下，就这样把两个孩子送到了学校。

下午接老二回来的时候，她还有些不高兴。我就问她："你知道妈妈中午为什么生气吗？"

"因为我没有起床呗！"

"对啊，妈妈叫了你好几次，你为什么不起床呢？"

"可是妈妈，你以前叫我的时候我也不起床呀？你那个时候也没生气，还帮我穿衣服呢。"老二说完疑惑地看着我。

我一听，孩子说得也有道理，那我中午为什么生气呢？

我想起来了，是因为我感冒了不舒服，所以，就想让孩子自己穿衣服，而孩子还像平常一样，没有自己穿，我就生气了。

我突然意识到，其实我打孩子是因为我当时有情绪，打孩子不是因为孩子不听话，而是因为我本身身体不舒服，引发了打孩子的行为。

跟孩子就这样对着话，我发现了自己的问题所在。

"宝贝，对不起，妈妈知道自己该怎么做了。"

说完我开始思索，我每个打骂孩子的行为背后，好像都有情绪在做支撑点。

老大每天打卡，老师布置的英语和语文打卡作业并不多，可是她每次总需要好长时间。我们约定好的时间，她每次都做不到，总是推迟，一次又一次。结果有一次我就特别生气，打卡时间已经过了很久，她还没有拿手机出来，我就在想她肯定是在偷偷玩手机，越想越生气，那个情绪马上就来了。

然后就问老大要手机，问了她好几次，她只说马上，还是半天不出来。我的情绪就变得高涨，一边问她要，一边说着她可能在玩手机之类的话。后来，她终于把手机拿出来了，告诉我她把所有的作业都做完了，而且还自己全部检查了。

这时候我的情绪没有了，我忽然明白，我总想控制孩子，觉得她应该听我的，可是孩子做事也有自己的想法。

想来想去，只要是打骂孩子，好像都跟我的情绪有关。不是孩子不好，也不是孩子不听话，而是情绪牵着我走。虽然传统的教育观念影响了我们，但我觉得最重要的还是在情绪管理上，我做得不够好。比如孩子某些行为不太好，或者说孩子的行为并没有对错之分，只是我们认为孩子的行为是错的，就会因为我们的认知，把孩子凶一顿。从本质上来说，这只是不小心触动了我们的安全系统。

《游戏力》一书中有这样一段话：用"安全系统"来打比方，可以很好地解释焦虑的产生、持续、释放和结束的过程。

书里提到了安全系统的四个步骤：觉察危险——拉响警报——理性评估——解除警报。

我们举个例子。当孩子写作业把字写错了，这个时候，我们的大脑就会觉察到写错字，然后大脑就会拉响警报，我们马上会理性评估这件事情。如果孩子不改，老师会批评孩子，我们会跟孩子说这个字写错了赶紧改。如果孩子没有改，我们就会焦虑；如果孩子改了，我们的大脑就会解除警报。

你看，我们的大脑很聪明，它给我们设置了一套完整的系统。安全系统是为了保护我们，可是并不是每个人都对安全系统有良好的评估，所以就导致一点小事就触发我们的安全系统，焦虑由此产生。

孩子的某种行为其实就像一根导火索。在生活中，我们会遇到各种各样的问题、各种各样的事情，这根导火索一旦点燃，就会令我们愤怒。而这也是一种身体的防御机制，我们总会不由自主地对孩子采取这种方式，来保护自己。有的时候我们打骂孩子，只不过是想排解自己内心的一些无助。

有没有发现，当我们心情好的时候，会发现孩子的行为一般都是好的，或者说孩子即使出现了一些过失的动作或者行为，我们都不会生气。当我们心情不好的时候，则可能正好相反。

就像《游戏力》一书中说的：我们善于为自己的情绪裹上"理直气壮"的外衣，有时甚至用来骗过自己，可但凡我们看得透彻一些，对自己更诚实一点，就会发现这些不过是对自身情绪的放纵。

一些妈妈总觉得为孩子付出了这么多，孩子就应该变得更好，其实打孩子时也是打小时候的自己。小的时候可能我们并不优秀，很普通，长大了，我们希望孩子变得更好，所以把希望寄托在孩子身上。但我们要明白，孩子不是我们，我们也无法代替孩子，他们有属于自己的人生。

那当我们有情绪时，该怎么办呢？

1. 在跟孩子的对话中发现自己的情绪

很多时候我们无法发现自己的行为，借着跟孩子聊天或者说话，我们就有可能发现自己有情绪的原因在哪里。只有能觉察才会反思。

2. 如果我们打骂了孩子，第一时间要学会反思

应该多反思我们为什么会打骂孩子，打骂孩子背后的原因到底是什么。这样有助于我们看到自己情绪的背后到底是什么。

3. 知道自己行为背后的原因，积极改正

当我们知道自己打骂孩子是某种原因时，我们首先要做出改变。当我们想要打骂孩子时，就想想自己为什么要打骂孩子，是有什么情绪在里面，当我们意识到这一点，就会停下不当的行为。

弗洛伊德曾说，未被表达的情绪永远都不会消失，它们只是被活埋了，有朝一日会以更丑恶的方式爆发出来。

而妈妈，要懂得不断成长，修炼自己，成为孩子成长路上的领航者。愿每一个妈妈都能够看到自己的言行，做一个情绪平和的妈妈，也让我们的孩子变得情绪平和，能够勇敢面对人生的风风雨雨。

03 让阳光照进来

如果有人问我，当你遇到烦心事的时候，是会选择自己一个人默默承受，还是会选择跟别人诉说呢？

我会说我通常选择一个人默默承受。在我看来，不管是什么事情都是家丑，说出去别人会笑话。大概是因为受了那句"家丑不可外扬"的影响，抑或是受了父母的影响，我不愿意跟别人诉说。

不跟别人诉说，时间长了很多事情就都压在了心里，就如房屋一样，如果很多年没有打扫，里面不仅落了很多灰尘，还会有蜘蛛网，打开的那一瞬间，感觉呼吸困难。所以，最好的解决方式应该是说出来。

有一个妈妈，我们都称她为心妈。有一段时间，心妈和老公发生了矛盾，两个人经常因为一点小事吵架，让她感觉心力交瘁。

为什么他总是看不到自己的好呢？总是挑自己的刺，觉得自己这也做得不对，那也做得不好……把她为这个家的所有付出当成了理所当然，不懂得理解自己，也不懂得呵护自己。面对先生的种种举动，心妈感觉很委屈。为什么当初对自己那般好的老公如今却这样对待自己？她感到失望、伤心。

她那天晚上忍不住写下了自己和先生发生的事情，以及当时的心情，然后发到了写作班的群里。

心妈当时的心情很忐忑，怕别人看到她的家事后笑话她。但她心里难受，起码写完之后感觉舒服多了，她管不了那么多了，心想笑话就笑话吧。

出乎意料，写作班的小伙伴们没有嘲笑她，反而像家人一样安慰她，那一刻心妈很感动。

遇到写作班的小伙伴们，她觉得就像遇到了亲人一般，她愿意分享自己的荣耀，也愿意袒露自己的悲伤。

老师看了心妈的日记之后，第一时间私聊她，安慰她的同时还给了她一些建议，让她跟先生开诚布公地谈谈。

当心妈把自己的想法勇敢表达出来时，先生对她的态度不一样了，也更理解她了，他们之间的误会消除了，又回到了以前的亲密状态。

非常佩服心妈有这样的勇气，能够把自己的家事分享出来。同时，她因为得到了大家的帮助和支持，家庭又回归到幸福的状态。

为什么很多时候我们不愿意把心门打开呢？

首先，在很多人看来，"家丑不可外扬"，害怕说出来会遭到嘲笑。本来是想得到安慰，如果说出来适得其反，自己的内心会很受伤，而且还会成为大家茶余饭后的谈资。

其次，不管发生什么样的事情，一旦说出来，别人可能就会觉得我们过得不幸福，我们可能也会觉得别人小看我们，觉得自己当初看走了眼，嫁给了这样的人，过得不好。

再次，一些家庭里，妈妈总会选择忍受，甚至选择一忍再忍，不管发生什么样的事情，总是选择隐忍。

全职妈妈整天待在家里，就算是跟别人诉说，也只是吐吐苦水而已，真正能够帮她解决问题的人几乎没有。抑或是，当她去跟别人吐苦水时，别人如果有同样的遭遇，两个人越说越激动，最后两个人都充满了负能量，不仅解决不了实际问题，反而容易偏激。

就像很多人关闭了朋友圈一样，之前大家总是发各种动态，甚至是生活日常，但是生活的不如意让不少人关闭了朋友圈，不愿意让别人看到自己的生活和状态。

很多妈妈不愿意让别人看到自己的伤疤，只希望把它隐藏起来，就像没有伤疤一样。就像很多人发的朋友圈，只有美好和幸福，仿佛悲伤、无助、难过都不存在似的。太多的人，只把美好的一面展现出来，仿佛生活只有美好。其实不是这样的，家家有本难念的经。很多人为什么不愿意说出自己家里的"经"，根本的原因是信任感差。

这个世界上总有那么一些人，他们就像一股清流一样，愿意帮助你走过人生的低谷，也愿意看到你站在人生的顶端，就看你能不能找到。

很庆幸的是心妈找到了，所以她勇敢地袒露自己的伤疤，而大家也帮助她找到了幸福。

当妈妈有情绪时，怎样做才能让自己舒服一些呢？

首先，妈妈要学会倾诉。

当妈妈有情绪时，先找一个合适的倾诉对象，倾诉的过程就是把内心的苦闷倒出来的过程，当把苦水倒出来了，心里就舒坦多了。

其次，在倾诉的过程中听听大家的意见。

我个人觉得这一点非常重要，如果你的生活中有这么一位良师益友，那么恭喜你，你的生活真的会变得很幸福。

如果在倾诉的过程中，这个朋友能够给一些意见的话，那就最好不过。一般在妈妈倾诉时，大家都有同情弱者的感觉，但如果你这个朋友站在一个中立的立场来看这个问题，那问题很快能够得到解决。

最后，运用起来。

当大家给了我们一些意见之后，我们要学会把这些意见运用起来，只有运用起来才会有效果。

我们活在这个世界上，真的会被各种各样的事情或者问题所困扰，但是一定要找到适合自己的方式。有情绪一定不要憋着，而要选择找人倾诉，说出来后我们的内心才会变得舒服一些；说出来了，我们的情绪才能得到缓解；说出来，这些问题才有可能被解决；说出来了，那就离幸福不远了。

因为，我们说出来的目的是想被理解，当我们不仅能被理解，而且能得到别人帮助时，我们的内心就蓄积了很多正能量，那就离幸福不远了。

04 学会与情绪对话

"昨天因为工作任务太多加班，没办法接孩子，只好放在托管班，晚上九点才接回来，结果回到家老公还没回来。我特别不开心，总觉得这个工作太忙了，总加班，可又不能不干，但加班又接不到孩子，感觉好难过。总是放在托管老师家也不太方便，晚上很晚才回来，带着孩子走在冰天雪地的夜路上，群里还不停地发工作消息。"

"今天又开始新的一天，处理了昨天没处理完的工作，晚上能把工作带回家做，晚上七点半接到孩子，情绪还不错。以后要多往好处想，也许过了这阵子就好了。"

"虽然大多时候一个人带孩子还上班很辛苦，但也有很多好处。这是我当时的选择。既然是我选择的，我就要克服困难，调整好心态，心情好工作生活才能更好。"

这是一个宝妈在群里发的消息，现在不少宝妈们用这种方法来记录生活，或者说用写日记的方式来看到自己的情绪。

我不知道大家平时是用一种什么样的方式来面对自己有情绪的状态。像我之前总会有各种各样的情绪，那个时候就采用压制的方式，一直压在心里。可能是因为没人诉说，也不知道向谁诉说，所以那些情绪就一直压制着。

以前我一直觉得，幸福才是人生的常态，我不应该被情绪困住。而且我经常看别人晒老公晒孩子，总觉得别人生活得很幸福。

每次有情绪发火时，我都觉得自己不是一个好妻子，也不是一个好妈妈，过后我会很内疚。我能看到自己有情绪，却不知道该怎么面对这样的情绪。

直到有一天，我进了学习群，看到大家都在写日记，很好奇为什么要这样做。现在我明白了，其实就是通过写日记，让自己跟自己对话，以写日记的方式来反思自己一天是什么样的状态或者心情，或者遇到了什么事情，是怎么解决的。

也是每天看大家写的日记才知道，大家每天的生活从某种意义上说都是"鸡飞狗跳"，当然偶尔也有那么一点美好。大多数人的生活都是相似的。我看到大家写的日记后才明白：哦，原来这才是我们生活的常态。

每一天，每一个人，都有很多事情需要处理，可能遇到烦心事、糟心事，会有情绪。不管是孩子的事，还是家里的事，抑或是外面的事，都会引发我们的情绪。

通过写日记的方式，把引发自己情绪的事情写出来，写出来之后，虽然可能事情不会得到解决，可情绪得到了缓解。

如果朋友看到了日记，也会帮忙出主意想办法，很多问题可以通过这样的方式来解决。在这里，大家可以畅所欲言，不管是育儿问题，夫妻关系或是婆媳关系，大家都可以相互交流。通过交流就可以找出问题之所在，从而让问题得到解决，让亲子关系更亲密，让夫妻关系更和谐美好，也让家庭更温馨。

大家都把自己包裹得很严实，实际上每家都有不同的烦恼。即使很痛苦，大多数妈妈也不愿意把自己糟糕的一面展现出来，仿佛展现出来了，别人就会看不起自己。

我想这是很多人的想法，不想让别人看到我们的不好，总想把好的一面展现出来。人生本来就不完美，怎么会有那么完美的人呢？

长得美，嫁得好，孩子听话，老公爱自己，生活很幸福……就像我们在短视频平台上看到的段子，但它始终是段子，是拍摄出来的，经过后期加工处理的。俗话说得好，人无千日好，花无百日红。

《自愈力：做自己的心理医生》一书中说：完美其实是人类的一种错觉，世界上根本就不存在绝对完美的东西。一个人如果总是追求完美、追求极致，那他注定就会失败。不管做什么，当我们用完美作为衡量的标准时，就注定会存在缺陷。既然这样，我们接纳自己的不完美就好。

我们通过跟坏情绪对话，然后看到人生百态，开始接纳人生的不完美。接纳后，我们会生气也会发火，会不开心也会难过、痛苦……这些可能都是常态。开心和快乐或许只是人生的过客。

当我们接纳了这一点，我们也就接纳了我们自己。是的，我们并不完美，人生也不完美，所以不用制造完美，只要做好自己，活在当下，过好每一天就可以了。

假装完美只会让自己更累。正如汪国真所说：你要活得随意些，你只能活得平凡些；你要活得辉煌些，你就只能活得痛苦些；你要活得长久些，你就只能活得简单些。

生活本来就是简简单单的，妈妈们不用把自己包裹起来，让自己开心一些，跟情绪对话。

怎么跟情绪对话呢？

首先，可以用日记的方式把事情写出来。好的、不好的情绪都写出来，写出来的过程本身就是情绪缓解和释放的过程。正如人生有美好和不美好一样，我们要统统接纳。

其次，通过日记看到自己的情绪。很多时候自己是无法觉察到自己的情绪的，但通过写日记，我们可以看到自己的情绪，从而明白这些情绪是从哪里来的，因为什么事情产生情绪，从而有助于我们勇敢面对情绪。

再次，我们要明白，这个世界上没有完美的人。而我们不可能永远活在开心和快乐当中，当我们有情绪时，要接纳这些情绪，同时告诉自己，不完美情绪的出现，是让自己变得更好的一种途径。

这个世界上从来就没有100%的好，也没有100%的美，我们的生活也不可能100%的幸福。

既然这样，作为妈妈，我们就应该看到情绪，学会跟情绪对话，把自己从不好的情绪中抽离出来，然后看到真实的自己，也接纳人生百态。

是的，此刻的我、现在的我，就是有情绪，但是没关系，我会处理好这些情绪。生而为人，有情绪是本能，不被情绪牵制才是本事。情绪就像水，宜疏不宜堵。改变自己的心态，才不会让负能量在我们心中堆积。

05 改变最重要的是学习和成长

"之前都是小米妈妈在陪伴着我，让我感觉特别温暖。小米妈妈每天基本都会同我语音聊天，听我倾诉和分享她的经历。我知道小米妈妈每天都很忙，不仅要接送两个孩子，有生活日常要处理，还要读书打卡学习。现在每天都抽出时间来陪我聊天、开导我，我真的很感动。"

"刚开始真的做不到，后来慢慢地我的心开始平静下来，不像之前那样了，也开始认识到自己身上的问题了。记得有一天，小米妈妈给我发来微信，说她可能这段时间要忙，不能像之前那么关心我了，如果我有什么事情，可以发语音给她，她看到会第一时间回复我。"

"说心里话，我从那天又开始迷茫了，正好老公也不在家。正在这时，一个父母阅读陪伴营要开课了，我心想着，与其听书还不如跟着老师好好读书。我喜欢文字带给我的感觉，我觉得文字可以反复去咀嚼。"

"于是，我毫不犹豫地报了名，在阅读的这段时间里，我感受着每个人物的情绪，体验着每个人物的人生。而且在群里，每个人从书里得到的感受是不一样的，学到的知识也是不一样的，真的有一种脑洞大开的感觉。之前我总是抱怨自己带孩子太累了，最近开始欣然接受这种状态，而且孩子也懂得体谅我。"

"最重要的是我的心趋于平静，这种感觉真好。加油，努力做最好的自己！"

那天桐桐妈在群里发来了这样的话，紧接着其他宝妈也发来信息。

有的宝妈说：真的，时间久了会有很多情绪，会很累，我们需要找到一个属于自己的方法。

有的妈妈说：是的，只有妈妈不焦虑，孩子才能变得更好，家庭也才能更幸福……

群里的小伙伴们也都说，静下心来读书，带给我们前所未有的平静——这就是读书的力量。

是的，读书带给我们更多意想不到的收获，包括领悟力和成长力。看着桐桐妈有这么大的改变，我还是很开心的。

记忆一下把我拉到几个月前，记得有一天我正在忙碌，桐桐妈妈发来了一条信息，她说："小米妈妈，你忙不忙？不忙的话，可不可以跟你聊几句？"

我回复她："不太忙。"然后她就说："最近的状态不太好。"我立马就发了语音过去。

因为一个人要带三个孩子，而且先生正处在事业开拓期，没有以前那么关注她，多少有些失落。

我也是一个妈妈，所以特别理解她，因为当时我也是一个人带着两个孩子，很辛苦，更何况她是带三个呢。不管是从心理上还是从精力上来说，都要比别人辛苦很多。

最重要的是，她还不能把这种情绪传递给先生，她的先生刚开始创业，要投入大量的时间和精力，如果再把为数不多的时间和精力分给她一些，肯定是不够的。

这也意味着，在这段时间，先生根本无法照顾她的感受。

对于一个以前一直被另一半捧在手心里的人，突然之间，另一半很少过问，肯定心里或多或少会有一些情绪，所以她一时半会儿还接受不了。

虽然在外人眼里她很幸福，先生每个月会给她足够的生活费，让她管好孩子，还时不时会问候她一下，但以前两个人分担的事情现在由一个人承担，她还是有压力的。她想替先生分担点什么，却又不知道该怎么做。

有时候，聊着聊着她就哭了，我就给她讲我自己的故事，也鼓励她转移注意力，多看看书，或者做自己喜欢的事情。就这样，我们每天聊天，她的心情会好一些。但最近这段时间我有事情没办法帮助她，庆幸的是，她参加了读书营，开始了新一轮的学习，她的心又开始慢慢静下来。

这是一个忙碌的时代，无数的妈妈每天不是为了孩子，就是为了家庭和工作忙碌。如果我们的认知一直停滞不前，那我们的生活肯定还是原地踏步。

就如我的一个朋友，一旦生活出现问题，一旦有了情绪，他就会找人抱怨，但抱怨之后，好像什么事情都没有改变。她自己都觉得很烦，更不用说其他人了。

大家都不愿意跟祥林嫂这样的人待在一起。妈妈们要从这种恶性循环中跳出来，就需要先改变自己的认知，改变自己对待事情的方式。

如果不知道怎么改变，就需要学习和成长。记得有位教授说，只有父母好好学习，孩子才能天天向上。这里所说的学习，并不单指父母要不断提高自己的素质和修养，还指父母需要学习其他知识，比如改变对孩子的态度，改变对事情的态度。

一个焦虑的母亲很难养出一个平静的孩子。只有我们改变了，我们的生活才能发生改变。

为什么需要不断地学习和成长？

首先，如果不学习，那就管理不好自己的情绪，如果连情绪也管理不好，那怎么能够处理好事情呢？有句话说得好：先管理好情绪，才能处理好问题。所以管理好情绪是处理问题的关键。

其次，如果不学习，那就相当于原地踏步，找不出问题所在，就打理不好其他事情，一直原地打转，处在这种恶性循环中，那生活怎么会过得越来越好呢？

我们每天会遇到很多事情，也会遇到很多突发情况，很可能第一时间会不知所措，不知道该怎么处理事情。

举个简单的例子，本来你今天心情挺好，突然老师打电话对你说，你家孩子在学校打架了。你的第一反应是什么？

面对突发情况，你是不是会担心？孩子为什么会打人呀？你开始展开一系列联想，立马变得不淡定了。

如果你学习过这方面的知识，你首先想的是等孩子回来，一定要先问一问孩子到底发生了什么事情，为什么会打架。

这才是正常解决问题的方法，而不是想象。事情到底是什么样子的，我们需要先问当事人，也就是自己的孩子。

就像我女儿的老师告诉我，女儿把别的小朋友撞倒了。回到家之后，我就问女儿今天学校有没有发生什么事。她就告诉我，自己今天不小心把一个小朋友撞倒了。我就问她是怎么撞到的。她说，两个人都往一个点跑，所以就撞到一起了。

你看，孩子并不是故意的。如果说我们把孩子带回家后，一回来就质问孩子，那孩子是不是被冤枉了？

其实，面对突发情况，我也有情绪不好的时候，也有不知所措之时，但通过不断学习、不断成长、不断反省，我终于找到了适合自己的方法。

当妈妈有情绪时，可以学习一些关于情绪管理的相关知识，比如说听老师讲座，或者是看一些书籍，都是不错的方式。

真正能够管理好自己情绪的人很少。愿每个人都能看到情绪，学着改变，努力生活，不畏艰难，吐露芬芳，收获美好。

第六章　和情绪做朋友

01　情绪和我们的生活息息相关

　　我们羡慕别人，无非就是觉得别人很快乐，但也许每个人都有自己的烦恼，而我们并不知道。作为一个社会人，我们每天会被各种各样的事情牵绊，也会因各种各样的情绪而困扰。因为情绪是我们生活的一部分，也是必不可少的一部分，和我们的生活息息相关。

　　我们来说一说什么是情绪。所谓情绪，指的是对一系列主观认知经验的通称，是人对客观事物的态度体验以及相对应的行为反应。一般认为，情绪是以个体愿望和需要为中介的一种心理活动。

　　也就是说，情绪是我们对外界事物的一种感觉。情绪分很多种，比如快乐、害怕、悲伤、愤怒、厌恶等，都属于情绪的一种。

　　那情绪是如何产生的？

　　首先是我们感知到了某一种情绪，比如快乐；然后我们的身体就感受到了快乐，就产生了愉悦感，那我们的行为反映出来的就是开心。

情绪通常有三个特点：第一，情绪产生于大脑的中间层；第二，各种情绪的核心是发生在身体上的一系列变化；第三，身体上的变化会导致我们做出各种各样的行为。

情绪会以它的方式影响我们，让我们有各种行为。比如我们的声音表情或者是动作都会发生一些变化，这些变化要比平常剧烈一些。比如生气时，声音会变大，表情会变得愤怒，行为就有可能出现夸大现象。每个人都会有各种各样的情绪，情绪和我们的生活密不可分。

情绪对我们工作的影响：如果我们这一天开开心心的，那我们的工作效率就会提高，和周围的同事也能够相处得很融洽，工作氛围也会很好。如果说我们这一天心情不好，那么工作效率肯定会大打折扣，而且在工作的过程中还会出现磕磕绊绊等现象，让周围的同事感觉我们就像一个刺猬一样，让原本简单的工作变得复杂起来，甚至整个人都不在状态。

情绪对我们生活的影响：如果我们这一天心情很好，那么我们就会感觉生活是如此美好，我们对孩子会更有耐心，也会觉得家庭很温馨；如果说我们今天心情比较糟糕，那么我们就会失去耐心，会训孩子，然后整个家里就像笼罩了一片乌云，而且还会影响夫妻关系。

情绪对我们身体的影响：如果说我们心情好，那我们的身体会健康；如果我们心情比较糟糕，那么长期就会出现问题。

情绪对家庭的影响：如果我们情绪好，这个家里就会阳光普照、温馨和谐；如果我们情绪不好，这个家里就会阴雨连绵，感觉难受。

情绪对孩子的影响：好的情绪可以让孩子积极向上，奋勇前进；不好的情绪容易让孩子萎靡不振，不思进取。

有很多人说希望自己永远快快乐乐的，不要有那么多情绪，不要悲伤，不要难过。但现实是，正是我们体验了这么多的情绪，我们才能真真切切感受到这些情绪带给我们的感受。

如果说我们没有情绪，那跟个木头人没有什么区别。很多人说，如果我是一条鱼就好了，因为鱼的记忆只有三秒。

可是什么都记不得的生活是你想要的吗？

每个人都希望自己生活得开心快乐，但正是因为有不同的情绪，才让我们的生活变得丰富多彩，变得有滋有味。正是因为有这些情绪，我们才真正地体验到了人生百态，也看到了人生百相。

如果大家都是同一种状态、同一种模式、同一种生活态度，那么这样的生活还有什么意义可言？

我们的生活是五彩斑斓的，之所以五彩斑斓，是因为我们的生活里有这么多的情绪，有这么多的感受，有这么多的不美好，但同时也充斥着那么多的美好。这些掺杂在一起，才构成了我们的人生。正是因为有那么多的悲伤、难过，我们才更加珍惜那些美好的时光。

其实，我们的生活就像一面镜子，我们对着它笑，它就会笑；我们对着它哭，它就会哭。

我们想让生活充满阳光，还是想让生活陷入灰暗，全在于我们。

如果我们是一个积极乐观的人，经常保持良好的心态，能够平静面对一切，那么遇到任何问题，我们都能够克服，而且能够展现出我们强大的生命力。

当我们以积极的态度看待这个世界的时候，我们会发现，这个世界是如此美丽。如果我们总是愁云惨淡，那么给别人的感觉就是这个人的心情太糟糕，不愿意搭理。最重要的是，我们会感觉世界灰暗无光。

情绪是我们生活中不可分割的一部分，正如阳光和空气一般，因为有它的存在，我们才能感受到世界是如此美好；正是因为有它的存在，我们才懂得珍惜每一天，珍惜身边的每一个人。

情绪的来临是让我们不断修行，让我们学会和情绪和平共处。只有这样，我们的生活才能更加美好。

02　情绪是身体的保护机制

很多人都不喜欢情绪起伏，觉得情绪对自己的影响太大了。

那我们来听一个故事吧。

有一对恩爱的夫妻到农庄去吃饭，在吃饭的过程中，老公总是给妻子点她不爱吃的菜，她心里特别不舒服。

"他明明知道我喜欢吃什么菜，却不给我点，说明他一点也不爱我。"妻子越想越生气，甚至不愿意再理老公。

回到家之后，她就质问老公："为什么我喜欢吃的菜你一样也没给我点？"

老公说："我们去农庄的时候，已经过了饭点，你喜欢吃的那些菜，我害怕不新鲜，对你肠胃不好，我给你点的那些都是新鲜的菜。"

话说完，妻子很感动，老公常看起来不近人情，但是内心却藏着一份深沉的对她的爱。

这不就像我们的情绪吗？我们不喜欢，但并不见得会对我们有伤害。有专家说，有时候，一种情绪袭来，你没有听懂它带来的信息，或者干脆把它拒之门外，这种情绪就会一次次地反复来敲门。而懂得管理情绪的人，能听懂每一种情绪背后的声音。恐惧和害怕，是为了保护你、制止伤害的发生。

当我们有情绪时，有太多的人想赶走它，觉得赶走了，能让自己好受一些。的确是这样，某些情绪真的会让我们不舒服，比如当愤怒来临时，我们感觉到情绪不可控，就像火山要爆发一般；或者当悲伤来临的时候，就像放了闸的洪水，一泻千里……

很多时候，我们会感觉好像自己被情绪控制了，导致生活过得一塌糊涂。但情绪对于我们来说，真的是一件坏事吗？

首先，适当发泄情绪对我们的身体来说是有益的，如果是经常无端地发泄情绪，才会对身体造成伤害。

大部分人都喜欢好情绪，所以有些人会把坏情绪掩藏起来，但那些不好的情绪总有一天会爆发出来。我们的情绪需要一个出口，爆发出来了，我们的情绪就会得到缓解。

从某种程度上来说，坏情绪是一种防御机制，是保护我们身体的一种机制。如果说我们一直掩藏着某种情绪，一直不给情绪找出口，时间长了，情绪掩藏在我们的心里，身体上也会产生反应。

情绪对我们的身体起了一种预警作用，也就是告诉我们，现在身体不舒服了，拉响警报了，需要给情绪找一个出口。

其次，情绪也是我们不可分割的一部分，就像有人所说，情绪就像我们的手指一样，是经过几百万年才拥有的能力。

如果情绪一直存在于我们周围，必定有它存在的道理。

再次，很多人都不喜欢负面情绪，不仅因为情绪在我们体内堆积，而且觉得负面情绪会影响我们的工作和生活，会给我们身体带来很多不适。

但我们忽略了一个事实，那就是不管是正面情绪还是负面情绪，都是我们人类所拥有的一种正常的情感。

情绪来源于我们的内心，也是我们感受的一种表达，它可以让我们更好地做到与别人沟通与交流。

我们的情绪都是心理机能产生的结果。我们要从情绪中读取信息，也就是说，这个情绪在告诉我们什么，需要怎么去做。

所有的情绪都是我们内心的一种表达，我们只有把这种情绪表达出来，别人才能知道我们是怎么了。如果说把这种情绪一直埋在心里，时间长了就会出现问题。

情绪有正向或者负向之分，但情绪本身并没有什么好坏。情绪也没有对错，只有情绪失控才会对我们产生影响。情绪也可以转化为正向的力量，而这些力量可以让我们更好地了解自己或者别人。

所有的情绪都弥足珍贵，都跟我们的生活息息相关。最重要的是，我们不要让自己的情绪失控，不要让情绪变成我们生活的障碍。

情绪的出现是在保护我们，是在告诉我们现在需要什么。

比如焦虑，很多人觉得这是一个大课题，每个人都会焦虑，甚至任何事情都可能让我们产生焦虑。适当的焦虑是在提醒我们周围存在着危险，让我们小心一些。但如果过度焦虑，就可能产生适得其反的效果。

焦虑可能意味着我们正在追求过高的欲望和过强的想法。当焦虑出现时，也是在告诉我们需要调整好心态。

再比如愤怒，很多人真的很讨厌愤怒，觉得愤怒对自己的身体伤害太大了。其实愤怒也是保护我们的机制，也是一道保护我们的屏障，是在告诉我们，我们迫切想要解决某些问题时才会这样……

就像有人曾说，情绪就像是送信，每一封信都来自我们的内心感受。如果我们及时接收信息，那么送信人就会离开；如果我们不愿意接收信息，那么情绪就会一次次不请自来，直到我们开门为止，直到我们愿意接纳为止。

当我们的情绪越来越强烈，说明情绪背后有我们需要读取的信息，比如我们渴望被看见、渴望被理解，等等，这都是我们内心世界的一种表达。

有一些人好像很容易情绪化，有人说，这种情绪化是种不成熟、幼稚的表现，所以很多人为了不让自己情绪化，就一直压抑着自己的情绪。但是我们有没有发现，我们的孩子却可以做到想哭就哭、想笑就笑。

我们经常说，孩子比较天真，他们的情绪说来就来、说走就走，其实孩子才是那个真正活在当下的人。

《幸福的陷阱》里讲过这样一个实例：说的是有一位亲戚想来拜访你，但是你从来没有见过他，却听过关于他的一些传言，说他这个人不好，和他交往的话，我们会受到伤害。如果我们相信这是一件真事，会用什么样的态度来对待他？是否愿意让他靠近你？

我想很多人肯定会选择不，希望这个人离自己越远越好。那我们有没有想过，如果别人说的这些事情只是道听途说或者说根本就是假的，那要怎么做呢？

那情绪也是同样的道理。我们总是听别人说坏情绪是不好的，会对我们造成诸多影响。可当我们和情绪相处时，就会发现并不是别人所说的那样。

俗话说得好，一件事情有两个面。如果我们只是看到了其中的一面，没有看到另一面，很容易进行错误评判。

我们要做的就是从另外一个角度看待某件事情，也许我们会发现，有一些事情不像我们想象的那么糟糕，比如情绪。

当情绪从我们身体流经时，我们就会发现，这些情绪就像涓涓细水一样，悄悄就溜走了，前提是我们要走近它，了解它。

了解一个东西，最好的方式就是走近它、靠近它，然后才能真正地了解它。情绪从某种程度上来说，是可以好好地被我们运用的，前提是我们必须好好地了解它。这就是情绪的真相。

03　有情绪时的第一步

"小米妈妈，我现在心情好多了，谢谢你跟我聊得这么多。"跟我聊天的是一位宝妈。

事情的起因是，她发现女儿最近总喜欢哭，而且动不动就哭。她就不明白女儿为什么那么爱哭，她很烦恼。

之前因为工作原因，她每周只能回来一次，跟女儿交流的时候没有发现什么问题。最近工作调回，她的心里很欣喜，这么多年来终于可以和女儿好好相处了。不承想，不管是接女儿回家还是在家里跟女儿交流，女儿总会动不动就流露出委屈的表情，刚开始她还一直忍着，耐心跟女儿讲道理，可是忍着忍着，她就忍不住了。

中午她接女儿放学时，二宝看到学校门口有一个卖糖葫芦的，很想吃。宝妈就买了一串，不承想女儿出门看到之后，立马露出想哭的表情。

她当时训斥了女儿，之后女儿也没吃饭，到时间点自己就去上学了。宝妈很生气，就这样想着想着，后来又觉得内疚。面对女儿总是委屈地想哭，宝妈也很无助。

听了宝妈的话，我跟她分析，可能是因为她经常不在家，女儿觉得妈妈不爱她。所以不管做什么，如果少了女儿的，或者没有关注到女儿，她就会觉得委屈。

我当时就跟宝妈说："我们每个妈妈都不是超人，也都会有情绪，但我们有情绪时，需要告诉孩子妈妈很累。这样就会避免很多矛盾，同时也让孩子知道：哦，原来妈妈也是有情绪的。"

一些妈妈一直都强撑着，总觉得在孩子面前承认自己累是一件丢人的事情。其实不是。我跟大家讲一讲发生在我身上的一件事。

就在周五的晚上，老大拿手机打卡，当时有英语和语文，我觉得老师布置的打卡任务也不多，可她愣是拿着手机打了两个小时的卡。

就这还没打完，我当时正在洗碗，就问她："卡打完了吗？"

"马上马上，一会儿就好。"

这句话是我女儿的口头禅，不管你什么时候问她，她总是这么说。在别人眼里，马上是几分钟，在她眼里，马上就是几十分钟。我当时就挺生气的。

即使我这么生气，女儿就跟没有听到一般，还在房间里。我不知道她在房间里做什么，担心她在房间里玩手机。

然后我就绷不住了，内心的情绪一下子涌现出来。最近房子漏水，前几天还停水了，煤气也停了，我不仅得来回往物业跑，还得交水费、电费，还得专门去交，找不见路，还得导航……这一系列的事情把我弄得筋疲力尽，然后我就想起往昔的种种，各种委屈、各种无助，一下子涌上心头。

我当时就蹲在地上哇哇地大哭了起来。这种感觉太难受了，但是我真的憋不住了，我觉得好难过呀。

我记得我大概哭了一个多小时，在这一个多小时里，女儿才把手机拿了出来。

哭完之后，女儿问我："妈妈，你为什么哭呀？"

我说："妈妈难过呀，你说让你打个卡，你打这么长时间，而且这已经不是一次两次了。我说过你很多次了，你打完卡就把手机拿出来。这样一而再、再而三，你觉得有意思吗？妈妈真的很累，你知道吗？"

"对不起，妈妈，你从来没有跟我说过这些，我从来都不知道你会这么辛苦，妈妈，我以后不惹你生气了，我打完卡就把手机还给你。"

女儿说完后给了我一个温暖的拥抱，我的心里感觉舒服了很多。

在我们有情绪时，很多人都说一定要控制好自己的情绪，一定不要发火、不要生气。包括很多大人，不会在孩子面前哭。他们觉得在孩子面前哭很丢人，更不会告诉孩子：我现在很伤心、很难过。但有情绪很正常，我们要学会的是如何处理自己的情绪。

我们成人处理情绪时，一有情绪就先想到要控制。我们就想着别人能够控制情绪，为什么我就不能呢？

我曾经看过一个电影，女主人公是一个心理咨询师，男主人公是一个看似强大的人，但他也有难过和控制不住的时候，这个时候他会去心理咨询师那哭。哭完了，他依然表情严肃，跟刚才哭的人天差地别。

是呀，我们很多时候都把自己的情绪掩藏起来，不会轻易把自己的情绪展现在别人面前，始终一副坚强微笑的样子。

但我们或许不需要这样，就像我们群里的很多妈妈。她们坚强乐观，但同时，她们也会把自己无助的一面展现出来。她们也会每天写日记，写今天发生了什么事情，自己的难受、悲伤。在这个群里，没有人嘲笑，大家都彼此安慰、相互取暖，这个群存在的意义就是让我们看到了，其实我们大家都一样，但是我们都想让自己变得更好。

我们越长大，内心越被很多东西包裹着，不敢把自己脆弱的一面展现给别人，就像展现自己的伤疤一样。

有人说把自己的伤疤展现给别人看，展现一次你会痛一次。但当我们把这些伤疤展现出来的时候，说明我们很勇敢，我们敢面对这个现实。我们展现出伤疤，是为了让我们看清事实，能够勇敢迎接挑战。

每个人都会有情绪，只有我们真正了解什么是情绪，才能够真正地走进情绪，并且接纳情绪，就像接纳那个不完美的自己。

我们有很多缺点，但是我们接纳这样的自己。因为这就是我，独一无二的我。

04 如何正确"发脾气"

啪的一声，一本书被重重地摔在了地上，接着传来女儿委屈的哭声。

"妈妈，你不是说要温柔吗？怎么又发脾气了？"

"那你为什么要一遍又一遍地不听话呢？"我大声问道。

女儿看着我，一言不发，气氛沉闷。

这是一天中午发生的事情。起因是我让孩子吃饭，结果她边吃边看书。说了她好几次，都把我的话当耳旁风。于是我气不过，就发生了上面一幕。

我气呼呼地坐下来大口地喘着气，饭也不想吃，女儿看着我的样子也不敢动筷子。缓了一会儿，我有点儿后悔，说好不发火，可还是没忍住。我不禁深深叹了一口气，怎么就做不到呢？

我的脾气本来就不好，有了孩子之后一着急更容易上火、发脾气。每次发完脾气我就很内疚，觉得不应该，可是下次还是控制不住发脾气，我在"内疚—发脾气—内疚"这样的循环里走不出来。

更因为当时不会教育孩子，导致和女儿之间的关系越来越紧张。就像很多妈妈所说：道理都懂，就是做不到。这是多少妈妈的心酸和无奈啊。

后来我学习了一些育儿知识，但这样并不能解决问题，很多孩子的问题其实是家长问题的反射。所以，我开始反思自己，尝试着改变自己。

可是如何改变、怎么改变，我心里没谱，以为所谓的改变就是隐忍，于是就开始压制自己的情绪，以至于遇到孩子的问题就选择忍忍忍，但这也是错的。

说实话，这样压制自己的情绪太难受了，本来孩子的举动已经让我恼怒，而为了和平共处，我一直忍着。感觉那气就像一壶水，壶的温度渐次升高，最后成功地烧开了，所以仍是以失败收场。等把女儿的书扔了，才赫然发现这样也行不通。

怎么做才是正确的呢，我一直在苦苦寻找答案。直到有一天，我听了一位老师讲了自己的故事后，才恍然大悟。说的是老师有一次给学员们讲课时，突然有人问老师："老师，你对孩子发过火吗？"当时老师犹豫了一下，然后很坦然地说道："我当然对孩子发过火。"当时大家都笑了起来："像你这么温柔的人也会发火吗？"老师说道："其实我从小脾气就不好，发起火来也挺可怕。"

这位老师跟学员就这样聊着，感觉自己的心好像一下子就被打开了。她说："我曾经想过我自己都做得不好，有什么理由来给你们上课呢？但是我现在明白：其实我们每个人都是不完美的。只有接纳不完美的自己，才能在望向完美的路上更好地前行。"

我忽然一下就释然了，原来再优秀的妈妈也有发脾气的时候。

但在教育孩子时我却犯了一个错，从之前的乱发脾气到过度抑制自己的情绪，再到情绪爆发，却始终没有跟孩子好好交流过，告诉她我也有情绪，我也会发火。所以孩子一直以为我没有需求。

我在"我不应该发火，应该做一个温柔的妈妈"这个执念中无法自拔。当我意识到这一点时，我的心结被打开了。哦！原来每个人都会发脾气，而孩子也要学会为自己的行为负责，做错了就要承受后果。

可发脾气也需要讲究方法方式，而不是毫无章法。就像老师说的：乱发脾气是本能，会发脾气是本事。

于是，我先让自己冷静下来，情绪平复之后，我蹲下来对孩子说："宝贝，妈妈知道你不喜欢我大吼大叫的样子，其实我也不愿意这样。你不知道，你以前有多可爱？妈妈想告诉你，我也有心情不好的时候，不能无休止地迁就你。我一直在努力学习做一个好妈妈，但是你这样一而再、再而三，你觉得这样对吗？妈妈希望和你一起变得更好。"

出乎意料，当我说完这句话。刚才还对我瞪着眼睛的孩子忽然趴在了我的身上，温暖地抱了抱我后说："妈妈我以前知道，不管我做什么你都不会打我、生气，所以我就一直在挑战你。今天，我知道原来你也会有情绪，我要和你一起变得更好！"

听完孩子的话，我感觉压在自己心上的那块石头仿佛消失了一般，瞬间感觉好轻松。我突然发现，当我打开心扉，跟孩子吐露心声时，我们的关系反而变得更加亲密。

有时生气了，我就会对孩子说："对不起，妈妈现在的心情有点不美丽，我需要冷静一下。"然后我会去另外一个房间整理自己的情绪。

就这样，我发现我与孩子之间相处得越来越和谐，欢声笑语也多了起来。

作为妈妈，撑起家里的半边天特别不容易，总会有各种事情让妈妈的情绪引起波动，甚至爆发。妈妈们总会忍不住要发脾气，如果我们能做到正确发脾气，那么我们和孩子的关系不仅会更亲密，还能让孩子从我们身上学到很多知识。

那作为妈妈，该如何正确地发脾气呢？

1. 当情绪来临时，先冷静下来

有时候，有些事情会让妈妈忍无可忍，然后爆发。当情绪来临时，我们应该让自己先冷静下来，只有冷静下来才利于沟通和交流。

2. 让孩子明白妈妈也有情绪

有些孩子为什么会"挑战妈妈的底线"？就是因为没有跟孩子说过，妈妈也有需求，也有情绪，只有告诉孩子，他们才会明白，也才会理解我们。

3. 生气时给孩子"打预防针"

当我们生气的时候提前告诉孩子，妈妈现在很生气，需要处理一下自己的情绪，孩子就会明白妈妈现在的心情不好，最好不要招惹她。

4. 告诉孩子需要学会为自己的行为负责

孩子在不断成长，孩子需要学会为自己的行为负责，知道惹恼了妈妈会有什么样的后果，知道后果后，孩子下次就会注意。

发脾气不应该是育儿的常态，我们也需要为自己的情绪找一个出口，但如何正确发脾气才是我们最需要思考的问题。我们是孩子的一面镜子，我们的言行和举止，孩子会模仿也会超越。如果孩子从我们身上学会了如何正确发脾气，那他们看待事情就会淡定自若。脾气好了，孩子的未来还会差吗？

05　从知到做有个过程

"桐桐妈，其实你能意识到孩子之所以这么说，是因为你发脾气、孩子害怕而引起的，这是一件好事，说明你进步了。"

"谢谢老师，跟着大家这一路走来，真的是学到了很多知识。"

那天在直播间看着侃侃而谈的桐桐妈，我思绪万千。

就在前段时间，桐桐妈还对我说："小米妈妈，我总是忍不住对孩子发火，你说我是不是又打回原形了呢？"

"不是的，桐桐妈，我这样给你讲，我们刚开始学走路的时候，摔跤是难免的，但是摔倒了，是不是就说明我们不会走路了呢？"

"不是。"

"对呀，摔跤说明我们在前进的路上，对不对？所以，跌倒而已，并不代表我退步了。就像你所说的，我们知道有情绪，但是真正做到不对孩子发火，得有一个过程。"

因为发火可能是无意识的，我们要真正做到不发脾气，就要有意识地感受到情绪的存在，然后才能知道该怎么办。也不要否定自己所做的努力，只要我们在路上了就好。每一个人在前进的路上，一定会遇到很多问题，而这些问题的出现，是为了让我们更好地看清问题之所在，从而学会解决问题。

一路走来，我也曾经否定过自己，比如说我有很长一段时间没有发脾气，可是有那么一天，我突然就发脾气了，我当时还责怪自己没有控制好呢。

后来，我明白了每个人都会有情绪，发泄情绪也是保护身体的一种机制。脾气发泄出来，并不意味着我们所做的努力都白费了。我们要明白，情绪和我们息息相关，是我们生活的一部分。

"对呀，你说得对，刚才我就掉到了否定自己的陷阱里。

我还在想，我做了那么多努力，怎么都白费了？原来每个人都会这样，我要做的就是肯定自己的努力，也要积极面对问题。谢谢你每次都这么鼓励我、肯定我，我相信我会越来越好的。"

看到桐桐妈的成长，我很开心。

是的，我们每个人从知道到做到，需要付出很大的努力，最怕的是知道做不到。

就像我曾经看到过的一个故事：春天来了，小伙伴们都忙着种自己想种的东西，只有狐狸什么事也不做。

有一天，狐狸来到大熊家，问大熊种的是什么。大熊说："我打算种红薯，你呢？"

狐狸说："我想种个大西瓜，等到夏天成熟了，又甜又解渴，到时候给你送一个。"

后来，它又来到了山羊家，又问了同样的问题。山羊说："我打算种白菜，你呢？"

狐狸说："我打算种一些人参，到时候给你送一些。"

狐狸又来到了兔子家，兔子说："我打算种胡萝卜，你呢？"

狐狸说："我想种一些草莓，到时候给你送一些。"

秋天，果实都成熟了，大熊拿着红薯，山羊拎着白菜，兔子拿着胡萝卜来到狐狸家。

狐狸看到大家都拿着东西，羞愧地低下了头，因为狐狸什么也没有种，自然就没有东西请伙伴们吃。

这只狐狸是光说不练。每天高喊着我要学习、我要努力，然后一转身就把这些话忘在了脑后，不学习了，也不努力了。然后看到别人那么优秀，或者把孩子教育得那么好，马上又开始喊我要学习，我要努力。结果第二天又和之前一样，什么也不做。我想这样的人肯定有。

这些人为什么不愿意行动，可能是因为比较懒惰。惰性是每个人都有的，有的人可以克服惰性，做自己想做的事情，哪怕这些事情刚开始做的时候有点难，都会去坚持。

而很多人知道自己有问题，但是却不做出改进。

当惰性来临的时候，他们就会想着说明天吧、明天吧。就像寒号鸟一样，别的小鸟都在垒窝，害怕冬天把自己冻着，但是寒号鸟却什么也不做，每天自由自在的。当冬天来临的时候，它对自己说，寒风冻死我了，明天就垒窝。每天重复这样的话，直到有一天，它真的被寒风冻死了。所以说，惰性真的害人。

那些慢慢坚持的人，慢慢就有了一些效果，或者说生活有了一些起色，之后就会越过越好。

有这么一个理论，叫冰山理论。我们可以这样理解，冰山上面是行为，冰山下面是我们的感受，我们的思想或观念，还有我们的价值感与归属感。

比如我们有情绪的时候，我们会感觉不舒服，这些负面情绪可能是因为缺乏归属感和价值感。

也就是说，我们的行为是看得见的，其他的是看不见的，也不易觉察。只有我们去寻找根源的时候，才会在某一刻恍然大悟，哦，原来我的情绪是这样来的，是因为这个原因。

有很多情绪是在聊天中或者情绪发泄完冷静下来的时候才能觉察到的。比如说，孩子不小心跌倒了，第一反应应该是哭，但是孩子没有，反而对我们说："妈妈，对不起！"

这个时候我们意识到了，我们的情绪对孩子产生了影响。也就是说，我们和孩子之间的某一个点一下触动到了我们。

很多时候就是在跟孩子对话时，我能感受到孩子那个点一下触动了自己，之后才发现自己的问题之所在。

意识到了，在说话、做事等方面开始有意识地避开这些错误的做法。慢慢地，就能够跟孩子和谐相处了，情绪也没有那么激动了。

我们每天进步一点点，也许真的就像蜗牛爬一样，可能长时间看不到进步。但是某一天，我们会突然意识到，自己前进了一大步。

《成功的逻辑》一书中曾说，每天进步一点点，便有无穷的威力，只是先要有足够的耐力。

是的，这就是坚持的力量。

只要我们开始做这件事情，就相当于我们已经在路上，不管这条路多难多长，已经在路上，就是好事，说明我们已经开始了改变。

改变本来就是一个漫长的过程。如果说我们今天发脾气了，明天就能够做到不发脾气，那只是想象中的场景。

如果改变这么容易的话，那我们大家不就都变成了快乐的人了吗？

正因为难，所以我们才坚持着，而我们坚持着，总有一天会看到效果。就像愚公移山一样，只要我们相信，只要我们坚持，那座山迟早会被我们搬走。

所以，不要着急否定自己，任何时候，只要我们走在路上，就是迈开了改变的脚步。总有一天，我们会看到自己的成长，管理好自己的情绪。

06　你只是需要自信

"我今天又对孩子发火了，发完火之后我就觉得很不应该。

每次都是这样，虽然我努力地告诉自己要做一个情绪平和的妈妈，可当情绪来临时，我还是控制不住，我感觉自己真的不是一个好妈妈。"

"我也是经常对孩子发火，我有时觉得自己不是一个合格的妈妈。"

"我也是每次骂完孩子之后，都觉得很内疚。"

"我也是经常发火，觉得自己不是一个好妈妈……"

那天在写作班，看到了一个妈妈发的一条信息，随后大家都开始畅所欲言。好像表达的都差不多，都是一发火就开始否定自己，觉得自己"不是一个好妈妈"。

就在大家你一言我一语地说话时，龙老师发了一段话："其实我们每一个人都有情绪，每个人也会发火，我们正走在学习的路上，这就是好事。不是你不够好，是你不够自信。因为教育孩子是一个大工程，孩子每时每刻都会出现各种状况，我们能够应对，就已经不错了。如果我们要做到自如，就需要不断地学习和实践。"

"而且情绪本来就是我们身体的一部分，即使是我也会发火，因为每个人都会有情绪，有情绪也是很正常的事。那发火是不是就代表教育不好孩子呢？其实不是。当我们有情绪时，其实是需要把情绪发泄出来。当然，每一个人疏导情绪的方式不一样，这并不意味着我们没有进步，对不对？"

龙老师的这一番话，耐人寻味。此刻，群里安静了下来，大家都在细细品味。

我们每一个妈妈都想做一个好妈妈。

很多妈妈认为，好妈妈的标准就是不对孩子发脾气。

我以前没孩子的时候，曾在路上看到很多家长对孩子发火。当时我就在想：这么小的孩子懂啥呀？为啥总是发火，就不能跟孩子好好说话吗？等我有了孩子，我一定要好好地教育他，不跟他发脾气。

然而，理想很丰满，现实很骨感。

有了孩子之后，孩子的各种问题、各种行为时刻困扰着我。当我忍不住对孩子发火时，我终于意识到，做一个情绪稳定的妈妈太难了。

那我们为什么觉得自己不够好呢？

首先是因为有一些根深蒂固的不正确的思想，比如说：好妈妈的标准就是不能对孩子发脾气。

这样错误的认知让很多妈妈身陷其中不能自拔，对自己的情绪一直选择忍耐，直到有一天绷不住爆发了。在爆发后又开始内疚，觉得自己不应该发火。说明我们并没有真正的认识情绪，了解情绪。

其次，我们对自己的要求太苛刻了。

很多妈妈觉得自己不能发脾气，不应该发脾气。可是每个人都会有脾气，我们对自己的要求这么严苛，只会导致情绪在体内乱窜，当情绪得不到疏导时，就会爆发出来。

再次，在我们的认知里，觉得发脾气对孩子不好，或者说我们发脾气会对孩子造成影响。

其实当我们把脾气正确且适当地发出来时，反而能够得到孩子的理解。其实我们小的时候也被打过、被骂过，但我们仍然过得很好。

孩子没有我们想象的那么脆弱，正常管教也不会影响我们的感情。当一个孩子内心充满爱时，他不会觉得妈妈发脾气是不爱自己，反而会觉得妈妈也是一个正常人，也会发脾气，进而更理解妈妈。

反倒是我们自己接纳不了那个总是生气的自己，这是我们作为父母需要成长的一个点。

如果孩子连父母小小的脾气都接纳不了，那孩子长大了，遇到了事情该怎么办呢？

我们需要尽量避免自己发脾气，没有脾气更好，可如果有脾气也没有关系，就跟孩子解释，说清楚就好。

告诉孩子，我们为什么会发火，为什么会生气，把自己的感受告诉孩子，让孩子接纳那个真实的我们。

有些家长在孩子面前总是一副天下太平的样子，但事实是很多事情会引发我们的情绪。

《妈妈是超人》这个节目里面有一个镜头，就是包文婧对女儿包饺子发火这件事。

夜已经很深了，包文婧问女儿睡不睡觉。女儿一个劲地喊着："妈妈，妈妈，我不想睡。"

尽管她跟女儿沟通了很多次，但孩子依旧不睡觉。最后，包文婧忍无可忍，一气之下，把孩子的玩具扔到了地上。随后孩子就被妈妈的行为吓坏了，停止了哭泣。

尽管大家都说包文婧做得不好，但对于很多妈妈来说，这一幕非常熟悉，甚至在家里经常发生，因为那才是一个妈妈的正常反应。

就像有网友说，妈妈是人，不是神。

每次对孩子发火时，女儿就对我说："妈妈，你怎么又发火了？"

我每次都笑眯眯地告诉她："妈妈是人，又不是神仙，怎么会不发火呢？"

适当发火不会对孩子造成什么心理影响，但如果经常发火就不好了。我们偶尔生气发火，其实都无伤大雅，既是情绪的宣泄，也是对孩子一种小小的警示。

我们不需要做完美的妈妈，只需要做"60分的妈妈"就好。

有专家曾提出过一个概念，叫作"足够好的母亲"，这个足够好仅仅需要60分。也就是当孩子有需求的时候，我们回应就好，剩下的40分留给孩子学习和成长。

当然，我们除了要向孩子表达自己对他们的爱以外，也需要向孩子表达对他们的不满。

我们对孩子的那些情绪，是有讨厌的成分在里面的。我们需要接受我们的这种特质，就像有人所说，我们身体上的每一种特质、心中的每一种情感都可以让我们得到某一方面的收获。

我们可能在某一个时刻觉得孩子有点儿讨厌，这并不都是消极的，是为了让我们注意到这种情绪存在。只有我们关注了它，它才会指引我们发现问题之所在，让我们找到原因。

也就是说，那些消极的想法，就像是我们内心里看不到的阴影，它会借着我们的发现，让我们赋予它光明，承认我们有这样的特质会让我们的生活得到改变。

只要我们的情绪是真实的，并且我们在生气之后能跟孩子聊一聊自己的感受以及对整件事情的看法，孩子也会乐于跟我们交流的。这样，孩子不仅能从这件事情上得到成长，更重要的是感觉到了被尊重和被理解。

我们要明白，接纳自己糟糕的情绪，并不意味着自己不是一个好妈妈，这是我们走向成熟的标志。

懂感受，懂认知，这才是一个妈妈情绪稳定的最好状态，也是一种成熟和健康的人格表现。

第七章　接纳情绪

01　情绪来临要学会接纳

如果我问你：当你有情绪时，你通常会怎么做？

一些人可能会说抗拒。

是的，如果是之前，我也会选择抗拒，因为情绪来临时真的太难受了，心理和身体都承受着一股无形的压力，想让这种情绪早点离开。

其实，那些我们所抗拒的，终究会返回到我们的身上，就像力的作用是相互的一样。比如说我们去推一堵墙，我们越使劲推，那堵墙给我们反弹的力量越大。而且最后受伤害的也是我们自己。

那为什么我们不愿意接纳坏情绪呢？

首先，因为情绪带给我们的感觉太难受了。

的确是这样。当各种各样的情绪来临时，我们通常要承受很多的压力。不管是难过、悲伤，还是担心，这些情绪通常都让我们的心理和生理承受了太多的压力。所以，我们内心是抗拒的，不喜欢那种感觉。

其次，在我们的认知里，总是觉得坏情绪就是不好的，是消极的。

由于惯性思维，我们觉得凡是那种让我们难受的、不舒服的感觉都是不好的，所以自然就认为情绪是不好的，认为情绪会影响我们的生活和工作，当我们有情绪时，觉得是坏事。

再次，不接纳生气的自己，我们很多人都不愿意接纳自己生气这件事情，觉得生气不好。其实适当生气是保护身体的机制，如果过度了才会造成伤害。

还有就是，在小的时候，父母不允许我们哭闹，无形中我们就沿用了父母的教育方式来对待我们的孩子。

我第一次听说情绪需要接纳，是一位老师在上课时曾经说到的一句话，我当时就很纳闷，情绪需要接纳吗？

这种看不见摸不着的东西，要我怎么去接纳它呢？

当我自己有情绪时，我就尝试着去接纳它，我所理解的接纳就是不对抗，任由它在我的体内来来回回，我看着它，直到它慢慢离去。

虽然这种感觉非常难受，但是我发现情绪在我体内存留的时间越来越短，之前坏情绪会停留好长时间，甚至好几天，但是我越接纳它，越发现它在我体内留存的时间在慢慢变短，由几天变成一天，再变成几个小时，现在即使有情绪，也能够很快过去。

对于情绪，我们需要与它握手言和。也就是说，我不喜欢情绪，可我又逃不掉，那我就允许它存在，并且学会与它和平相处，而不是耗费大量的时间和精力去跟它对抗，最好的方式是把更多的精力投入内修当中，这样我们的生活才会变得更加美好。

情绪虽然不好，但是我们如何才能够跟它和平相处呢？

第一种方式是对抗，第二种方式是暂时休战，第三种方式是握手言和。

如果我们和情绪对抗，那么肯定是两败俱伤。

如果我们暂时休战，只是说明情况暂时能得到缓解，但是从长远来看，这不是一个好办法。

只有第三种办法才是长久的也是好的，那就是接纳。

所谓接纳，不是忍受，也不是屈尊，而是我们主动去拥抱。真正接纳是我们全然地敞开我们的心扉，主动去拥抱那些不好的情绪。

我们要想过好自己的生活，必须为自己的情绪找一个立足点。也就是说，我们想要站稳脚跟，必须要找到一个点，只有找到这个点，我们才能大踏步地往前走。

而这个点就是接纳。

我们把生活比作茫茫的大海，把情绪比作甲板之下的游鱼，当我们乘着这艘大船航行的时候，情绪一直在我们的身边游荡。

如果你想到达彼岸，只有一条路可走，那就是继续前行，前行时，我们的情绪就会跑出来，当我们停止前行时，情绪就会暂时离开。

那我们到底是一直往前走，还是要停下来？其实全在于我们自己。我们很清楚，情绪虽然不好，但还不至于对我们造成伤害，之所以感觉情绪很可怕，只是我们的想象而已。

如果我们想要到达彼岸，必须接纳情绪的存在，如果我们不愿意接纳情绪，那也就意味着我们就在茫茫的大海上游荡，当我们想跟情绪作斗争时，我们就没办法好好生活。

如果我们要坚定不移地往前走，情绪对我们是无可奈何的，而且我们也能够很快适应那种感觉。

当我们战胜了情绪往前走时，就会发现，生活比我们想象的美好，或者说我们不会老想着生活中处处是难题。

战胜了那些情绪，我们就看到了鲜花，也走到了彼岸，生活也开始朝着好的方向前进。

我们要明白，那些情绪就像不断涌上岸的浪花，如果我们往岸边放一块石头，那日积月累，这个石头会被浪花击碎。

如果我们给情绪以更广阔的空间，情绪就可以在这里自由舒展，最后它也会退回去。

这才是真正接纳情绪。

给情绪更广阔的空间，让它自由伸展，那么它也会很快消散。

当有情绪时，我们该怎么做呢？

1. 放弃针锋相对

有些人有情绪时，第一反应就是抗拒，就是对抗，不愿意有坏情绪，觉得坏情绪对自己不好，身体本能抗拒，但是越抗拒情绪越存在。

2. 不要不理它

有人有情绪时选择不理它，但我们越不理情绪，情绪反而会突然出现。我们不理它，并不代表它不存在，既然情绪存在，我们就不能无视它，而是要跟它握手言和。

3. 从心里接受它

说实话，很多人是不愿意接受有情绪这件事的。我们真正要做的恰恰是从心里接受它，接受情绪的存在，接受情绪会带来破坏性，接受它不好的那一面。

我自己在调控情绪上面也做了很多功课。

首先，接纳情绪就意味着我们要接受这种不舒服的感觉，那我们就要从心理上承认这种感觉不美好，然后我们给这种感觉以空间，让它在我们的身体中流动。

情绪刚来的时候特别难受，而且会持续很久，当我们真正接纳它的时候，它才会慢慢流走。

就像我前面所讲的，情绪刚开始在我们身体内待的时间会很长，但是慢慢时间会缩短。

这样，我们的生活就会变得越来越美好，因为我们愉悦的时刻越来越多。

接纳情绪意味着我们要接纳这种不美好的感觉，也就意味着，我们开始接纳不完美。是的，人生本来就不完美，当我们接纳了不完美，也等同于接纳了我们自己。

02　跟情绪和谐相处

和不喜欢的人同在一个屋檐下，怎么才能和平共处？

有人说：跟自己不喜欢的人待在同一屋檐下，肯定是迫不得已，心里肯定会不舒服，这种情况最好的方式就是做自己的事，让自己忙碌起来。

也有人说：我接受这个人，也接受我们的关系不和谐，因为这是我的选择，所以我接受这种不舒服的感觉，放下期待，放下改变别人的愿望，自己心里就会舒服一些。

也有人说：生活开心最重要，你自己选择的路自己走，做好自己，做内心强大的自己，这条路一定要走下去……

我觉得说得都很好，那么把这个问题放在我们的情绪里，也是同样的道理。

情绪和我们的生活息息相关，有好情绪也有坏情绪，当那些不好的情绪出现时，我们又赶不走它，那我们应该怎么办呢？

不正像上面给出的答案一样吗？情绪始终是存在的，我们既然无力改变情绪，就只能改变自己。

就像有句话所说，改变我们所能改变的，接纳我们不能改变的。

为什么很多人有情绪时容易有抵触呢？

首先，很多人认为自己可以处理好情绪。

在这件事情上，我们很多人或许过于自信，每当看到别人发火，就想着我才不会像他们那样。但事实是，当情绪来临，或许我们还不如别人。

事情发生的瞬间，自己方才说的不要生气的话也许早已抛到九霄云外，随之而来的也许就是情绪本身。

想到和做到是两个概念，我们有时想得简单，做的时候就没那么容易了。

只有经过一段时间的觉察、改变，才可以管理好情绪。

这是一个循序渐进的过程。

其次，情绪难道真的像我们所说的那样，只坏不好吗？

答案是否定的。

记得有一次我去拿快递，结果那个快递员一直给别人拿，我问了他好几次，他都没理我。我当时就生气了，大声质问，那个快递员挺不好意思地说："马上，马上就给你拿。"

我为什么会生气？就是因为别人说快递号，他就一直给别人拿。把快递拿回来后，我突然发现，通过发火我能让别人看到我的情绪，发火从某一方面来说对我是有利的。

就像我不能和我爸爸和谐相处，我和我的爸爸虽然是亲人，可一说话就抬杠，一说话就吵架，往往说不到三句，就没办法聊下去了。所以，很多时候我不愿意跟他说话，他也不愿意跟我说话。

结果有一次，因为一件事情，我们不得不沟通交流。说着说着，我俩就吵了起来，我当时把这么多年的委屈和心酸都说了出来，包括小的时候感觉他不爱我。

说实话，我能够这么坦然地说出来，连我自己都很震惊。我记得当时我爸当场就愣住了。

半晌，他对我说，小时候他对我怎么怎么样，长大了又对我怎么怎么样，包括结婚之后，他也是关注我的，只不过是我没有感受到而已。

说着说着，那些温暖的记忆一下子就浮现开来。在我小的时候，爸爸曾经给我买过漂亮的裙子，买过书包，也买过文具盒；在我去外地求学的时候，他经常三更半夜送我去火车站，看着火车开走他才回家；结婚之后，他虽然很少跟我打电话，但是却陆陆续续从奶奶那里打听我的一些消息……

也是在那一刻，我才感觉到爸爸原来是爱我的，也是在那一刻，我才和爸爸和解。

我和爸爸的关系其实就像我和情绪的关系一样。

在很早的时候我就想，以后我有了孩子，我绝对不会打孩子。有了孩子后，我的确很少打孩子，但是我却喜欢扔东西，以此来发泄情绪。

可我的行为和打孩子有什么区别呢？只不过是换了一种方式而已，对孩子的负面影响还是存在的。

事实上，我不愿意接纳的就是自己也会发脾气，也会打孩子。

但只有我们接纳了情绪，跟情绪进行和解，也才能真正地跟情绪相处。

情绪没有错，错的是我们一直觉得情绪是不好的想法。就像我觉得爸爸不爱我一样，当我想起那些温暖的瞬间，我才明白爸爸是爱我的。

的确是这样，就像我刚才也想起了一些关于情绪的事情。

那些情绪也的确帮助了我，不是吗？

而且一件事情往往有两面，我为什么只看到了其中的一面，就倔强地以为另一面也是不好的？

就像塞翁失马，焉知非福一样，难道说马丢失了对于我们来说就一定是灾难吗？马回来了，对于我们来说就是好事吗？既然不是，那对于情绪来说，又何尝不是如此。坏情绪来临时，就意味着我们没有快乐吗？当好情绪来临时，就意味着我们不会伤悲吗？就像有句话所说，乐极生悲。开心是好事，但是开心过了，也会发生不好的事情。

我记得曾经看过一个故事，讲的是有一个老人过生日时特别开心，然后笑着笑着就去世了。那你说这是好事还是坏事呢？本来是一件好事，但因为开心过度去世了，就变成了坏事。

看来情绪没有好坏之分，只是我们以为它是不好的。

我们要明白，有情绪是很正常的事情，而且我们越抵触情绪，我们就越会感觉筋疲力尽。当我们接纳它，并且跟它和平相处时，就会发现很轻松，那种紧绷的感受反而舒缓了很多。

那怎么和情绪好好相处呢？

1. 接纳我们有情绪的状态

如果我们不接纳自己有情绪的这个状态，是没办法跟它和平相处的。不管情绪是好是坏，都是我们身上的特质，我们选择接纳就好，如果连我们自己都不接受自己，那怎么能期待别人来接纳我们呢？

2. 不抵触情绪

我们要明白，有情绪是很正常的事情。当情绪来临时，我们要做的就是让它自然流经，就像水一样，它来了，我们就让它流走就好。

3. 理解情绪

当我们有情绪时，一定要理解自己，允许自己不开心或者伤心难过,但是不能陷入其中,不能自拔。有坏情绪很正常，但是我们不要评判自己，允许自己有坏情绪就好。

每个人都会有负面情绪，这是很正常的事情，但是要看我们怎么去面对。如果我们以积极的心态去对待这件事，那即使我们遇到了困难，最终也会成为更好的自己；如果我们以一种负面心态去看这件事，情绪就会把我们击倒。

和情绪最好的相处方式就是与它和平共处。

03　洞察情绪，体验情绪

"老师，我在吃饭的时候不小心把筷子掉在了地上，然后心里就很不舒服，你说这是为什么呀？"

"可能因为在你小的时候，筷子掉到地上或者打碎碗时受到了指责和批评。"

"小时候好像记不清楚了，但是有好几次回娘家时，儿子用瓷碗吃饭，妈妈总是担心儿子把碗打烂，后来还把瓷碗放高了，逢年过节才拿出来用。"

"你想，父母节俭了一辈子呀，你现在要去觉察。"

"是的，只有觉察才会发生改变，可是我总是生气之后才能觉察，真的是后知后觉呀。"

那天，在群里看到了一位宝妈和老师的一段对话，虽然只有短短几句，但是我却从这段对话里读出了信息：不会觉察情绪，总是被情绪牵着走，就会导致生活一团糟。

但我在一个短视频中看到了周老师，他生活得非常好，用他的话说，要带着觉知和觉察活着，才是真正的活着。

以前他和老婆经常吵架，现在他带着觉知和觉察生活，跟老婆很少吵架了。

他老婆很纳闷，说这一年，我怎么和我老公不吵架了？其实是因为他能够觉察到身边的人有情绪，他就走开了，因为当别人有情绪时，也会拉扯着我们引发情绪。

当他有情绪时，马上会不舒服，这时他就能够觉察到情绪来了。然后他就笑了，就对情绪说："小样，还想左右我，拜拜了您嘞。"

你看，这位老师在之前体验过吵架的情绪，洞察了自己的感受，所以他现在遇到这种情况，就知道自己该怎么做了。

其实，在生活中能够洞察情绪的人真的不少，但为什么很多人却洞察不了情绪呢？

首先，不管是别人有情绪，还是我们有情绪，我们的第一反应都是控制情绪。

当我们想控制情绪时，说明我们只是想解决这件事情，而忘记了需要先处理情绪再处理问题，本末倒置了，问题自然没办法解决，还是会困在情绪中。只有安静下来，才能觉察到情绪。

其次，当有情绪时，很多人都没有问自己：我为什么会有情绪？我的情绪从哪里来？

每个情绪都有缘由，可很少有人会先问自己，为什么会生气，或者为什么会难过……

而是当时那个情绪不管是什么原因引起的，都被头脑蒙蔽了。

再次，很少有人去感受情绪。

情绪来临时，大家不是逃避就是发泄，很少有人去感受情绪带给自己的是什么，也就是情绪背后潜藏的原因。

不管是什么原因引起的情绪，首先应该感受那些情绪。比如说愤怒时，我们是一种什么样的感觉？每种情绪带给我们什么信息？

有这样一句话，如果你是行觉察之道，你便不会以发怒做反应。你会把心平定下来，去寻找那人对你发怒的原因。经过深切察思，你一定可以找到那个人恼怒的因由。假如你所发现的，是与自己的错误行为有关，你一定会愿意承担惹他恼怒的责任。如果你发觉自己没错，你便要尝试着找出他对你误会的原因。这样，你才可以帮助他去明白你真正的本意，而避免令大家再增加痛苦。

当我们有情绪时，应该专注下来，只有专注了才容易觉察情绪。也就是说有情绪时，要先安静下来问一问自己，我是怎么了？我为什么会这样？

记得有一次，我和先生因为买一个水桶发生了争执，我说买个小的，他非要买个大的，结果拿回来桶太大，桌子底下根本放不了。

我当时情绪就来了，特别生气，就对他说："我让你买个小的，你为啥非要买个大的呢？"

他说："我就想着买个大的，装的东西多呗！"

我当时觉得他不可理喻。后来静下心，我想了想，他之所以想买个大的，是因为装的水多，而且如果家里停水的话，我不至于着急，先生是站在我的立场考虑问题的，我完全没想到这一点。

当我转换方式，站在他的角度思考问题的时候，我就明白了他为什么要选那个大的。后来，我没再生气，只是把那个桶换了。

在这个过程中，我觉得自己特别可笑。当时，我特别生气，都不愿意理他，感觉气从下往上一直到喉咙这儿，都快堵住了。想想自己为什么生气，无非就是想让老公听我的，想通过这样的方式，让别人感觉我的存在，或者说让别人觉得我的选择是对的。

我以前一直以这样的方式来要求弟弟妹妹，在嫁给先生之后，也把这种方式用在了他身上。可想而知，用错了对象，肯定达不到很好的效果。

那怎么样才能觉察到情绪呢？

1. 当我们有情绪时，先冷静下来

很多时候，争吵来源于情绪。最好的办法就是有情绪的时候先冷静下来，意识到自己会被情绪带着走时，赶紧转换情绪。

也就是当我们意识到坏情绪来临的时候，转换一种方式，比如我们可以对自己的大脑说，你又来扰乱我的生活了，谢谢你！情绪就会离开。

2. 问一问自己为什么生气

我们多问问自己：为什么而生气？生气背后的原因是什么？当我们找到了原因，就不会那么生气了。

3. 找出情绪背后的原因

比如我们害怕时，体会这种感觉，然后问一问自己，到底在害怕什么。知道自己到底在害怕什么，才能更深层次地寻求和找到答案。

我们为什么过得不开心，是因为我们有情绪，而且很多时候是因为别人的情绪把我们的情绪给勾了起来。

当我们能够觉察到别人的情绪会把我们情绪拉高时，较大概率我们的情绪就不会那么高涨。

我们要学会自己觉察情绪，当我们能够觉察情绪，情绪就会慢慢地从我们身边滑走。我们要带着觉知和觉醒活着，这样我们就能看到我们的情绪，就能够觉知，有了觉知才有觉悟，有了觉悟最后才能觉醒。

我们要明白，我们的心情应该由自己来主宰，要学会做一个能管理自己情绪的人，处理好自己的生活。

俗话说得好，退一步海阔天空，做人不要太执着。

善待生活就是善待自己，善待自己就是热爱生活，热爱生活从不生气开始。

04 觅得探索情绪的钥匙

"小倩，你有没有发现，其实你在群里一直都说你妈怎么不好，只要一说起你妈，你总是这个样子，难道你就没有感受到你妈对你的爱吗？"

"小的时候，我妈总是什么事情都不让我做，我喜欢什么她也不让做。长大后，我喜欢跳舞，她又说跳舞不好。"

"你喋喋不休，各种抱怨，你知道你越这样说，你的情绪越激动。我希望你从这件事里走出来，如果你老是在这些事情上纠结，我觉得对谁都不好。不要总把错归咎于别人，特别是妈妈，应该从自己身上找原因。"

"好的，我知道自己该怎么做了。"

这是群主和一位小姐姐的对话。这是一个充满正能量的群，这个群里大家每天都分享开心的事情，我也觉得很开心。

我为什么记得这位小姐姐，因为只要一提起关于妈妈的话题，她就会长篇大论，进行抱怨。

她为什么一提起她妈妈就那么激动呢？那是因为她没有看到她情绪背后的原因和真相。

一些人会沉迷在情绪里不可自拔，这时最正确的做法是看到我们情绪背后的真相。

就在前几天，我也找到了对女儿发火的原因。我的女儿，有时候衣服不喜欢就会生气，饭菜不合胃口也会生气，甚至有时候你根本不知道怎么了。生气就罢了，有时候还无缘无故地哭。我感觉无可奈何。

就在前段时间，我看了《接纳不完美的自己》，里面提到，有时候我们不接纳某些人和事，也许是因为我们不接纳自己。

就像这本书里提到的，作者给一对夫妇做辅导，男的叫麦克，女的叫玛丽琳，当时他们谈到了关于特质的话题。

当他们共进完晚餐再回麦克家时，麦克突然发现自己把钥匙忘在家里了。作者说："什么样的人才会在零下18度的天气把钥匙丢在家里呢？"到后来，麦克总会想起小时候曾经做过的蠢事，他觉得那些东西是不好的。

对啊，就像我看到我女儿时如同看到小时候的自己。我小的时候就是这样，各种挑剔，然后还爱哭，当我哭的时候，挑剔的时候，大家都讨厌我。我从心底里不接纳小时候的自己，我不接纳我那个时候是那么令人讨厌。

当我意识到这一点，我就选择坦然接纳我的孩子，当她伤心难过时，会立刻给她一个拥抱。

都说女孩天生比较敏感，我能从她的表情上看到她今天是什么状态。当我开始关注她的情绪时，她的坏脾气和哭闹次数都在不断减少。而我也很少为她的发脾气和哭闹而生气了。

在这个过程中，我其实是慢慢接纳了小时候的自己，我跟自己和解了，我对自己说："对不起，请原谅，谢谢你，我爱你！"

我真正地接纳了小时候的自己，接纳了那个爱哭爱闹的自己，接纳了那个不完美的自己。

而我是因为看到了自己发脾气背后的原因，才真正找到了原因。

我们很多人在发脾气时，仅仅看到了事情的表面，没有更深层次地挖掘情绪背后的真正原因是什么。

只有我们真正深挖了，才能找到情绪的根源。我们的很多情绪来源于我们的过去，但这并不意味着我们要带着这种影响生活一辈子。只要我们找到那个时候的自己，拥抱那个时候的自己，自己跟自己和解，我们也终究能够活出属于自己的一片天地。

我们又能为我们的孩子做些什么？我们的言行举止会不会给我们的孩子带来负面影响呢？

可以多问问自己。父母的情绪真的有可能会持续影响孩子，特别是妈妈的影响，可以说贯穿孩子一生。

如果我们自己能够做到情绪平和，能够洞察自己的情绪，及时平复情绪，对孩子来说，我们又何尝不是他们的榜样。

为人父母有很多东西我们需要学习，我们学习了，终究会成为我们自己的东西，而孩子会因为我们的好情绪，也变成一个情绪平和的人。

那当我们有情绪的时候，该怎么办呢？

1. 觉察情绪

当我们有情绪时，要能觉察到情绪的来临，然后再想该怎么办。就是说我们要能够洞察情绪，比如我的情绪升起来了，我此刻非常生气。洞察是改变的开始。

2. 体验感受

当我们感觉到情绪来临时，我们就去体验那种感觉。体验的时候就是接纳情绪的时候。能从中明白这种情绪是从哪里来的，也就是情绪深层的原因在哪里。

3. 深挖原因

当我们去体验情绪的时候，真的能勾起小时候的很多回忆。就是这些回忆，能够让我们找到情绪产生的真正原因。

这个世界上从来都没有无缘无故的情绪产生，既然有情绪，那一定有原因。只有我们找到了深层次的原因，才能够从根本上找到解决问题的方法。

05　建立新思维

"我好想像主人公那样，过着简单快乐的生活呀。"

"对呀，我也好想无忧无虑地活着。"

"是的，他的生活状态太令人羡慕了"……

那天，读完一本人物传记，大家在群里发表意见，不仅赞叹主人公人物的智慧，更向往他那样随性的生活方式，好像不会为任何东西所牵绊，也不会因为任何东西而不悦，那个状态太让人羡慕了。但是那样平淡的生活，却是很多人所向往却不能拥有的。

就像我曾经看到很多百岁老人一样，我当时就想，这些人为什么能长命百岁呢？

后来才明白，他们清心寡欲、不争不求，这样的心态，这样的生活境界，不是谁都能做得到的。

的确是这样，我们很羡慕过别人那样的生活，却不知实际上是别人的思维方式跟我们不同。

特别是在面对情绪这件事情上，很多人，特别是很多智慧的人，都表现得很淡然。即使在我们眼里是很大的一件事情，在他们眼里就像很小的事情或者没发生一样。

这其实是因为他们的观念变了，思维方式变了，所以生活方式也就改变了。

为什么我们要打破旧有的观念？

首先，旧有的观念的束缚、影响着我们的生活，一些人的生活就一直被旧有的观念所影响。

其次，我们每个人都在追求幸福，但不知道幸福是修来的。

我们每天被各种各样的情绪所影响，就是因为我们不知道什么才是影响我们生活的真正原因。其实就是因为太多的负面情绪才让我们的生活有太多的压力。

再次，能让我们从旧有的模式中跳出来。当我们从旧有的模式中跳出来，我们其实是获得了一片更广阔的天空。但不少人一直生活在旧有的观念和模式里。

有人可能会说，情绪方式的转变真的对我们生活会产生那么大的影响吗？

答案是肯定的。

就拿我自己来说，之前我总是被各种情绪所牵绊，被各种情绪所影响，可以说，情绪是我的主人，我总是很容易被它拉扯着往前走，这给我的生活造成了很大的困扰。我每时每刻被情绪影响着，感觉生活一团糟糕。

自从我开始接纳情绪、洞察情绪、体验情绪，并且找到了情绪背后的原因，我感觉我的生活开始变得明朗起来，不再像之前那样浑浑噩噩。

很多人可能不知道我之前的生活状态。以前我一个人带两个孩子，很不适应，就想着为什么没有人帮我，从而抱怨这个抱怨那个。生活本来不应该是这个样子的。

有句话说得好，"我"是一切的本源。

我们想让生活变好，我们自己首先要变好，如果我们整天自怨自艾，被情绪所影响，那生活怎么能变得美好呢？

因为，你表现出来的是什么，你投射出来的方式就是什么，你最后产生的结果就是什么。就像你种的是苦瓜，然后你渴望长成黄瓜，那就不可能。

自古种瓜得瓜、种豆得豆，种什么样的因就会得什么样的果。要想让你的果实改变，那你的种子就得改变。

我是在2018年的冬天遇到了一位老师，当时她告诉我说："改变你所改变的，接纳你所不能改变的。"

我细细品味这句话，终于明白了其中的深意。

我无力改变我的生活状态，但是我可以改变我自己。于是在老师的鼓励和支持下，我开始把我的心门打开，我不断地努力向前，不断地挑战自己。

最重要的是，在这个过程中，我的情绪和心境发生了很大的变化。

就像凤凰涅槃，就像破茧成蝶，我活出了一个崭新的自己。

我现在每天的生活都是充满欢声笑语的，孩子乖巧懂事，先生体贴温柔，我没有道理不幸福。

就像托尔斯泰在《安娜·卡列尼娜》一书中所说，幸福的家庭都是相似的，不幸的家庭各有各的不幸。

的确如此，幸福的生活要靠自己创造，而不幸的人总是自怨自艾，却从来没有在自己的身上找过原因。

每天被情绪所包裹着，无法前进，也前进不了，被情绪所牵引，那情绪就成了主人。

同样的道理，要想让我们的生活变得更加美好，我们就要跳出来看人生和世界。当我们成为情绪的主人，就可以掌控情绪、控制情绪。

如果我们可以掌控情绪，那我们的生活怎么会不幸福呢？

相信大家都看过《海燕》这篇文章，里面有这么一段话：

"海燕叫喊着，飞翔着，像黑色的闪电，箭一般地穿过乌云，翅膀掠起波浪的飞沫。

…………

——让暴风雨来得更猛烈些吧！"

我觉得这篇文章就像我们掌控情绪的过程，不管情绪多么强大，最终还是被我们攥在了手心里。真正掌控生活的人是不怕情绪的，正如那句话"让暴风雨来得更猛烈些吧"！

这才是对待情绪的最好方式。我们会遇到各种各样的情绪，但我们也要学会化解各种各样的情绪，这才是面对情绪的方式。

未来幸福的一定是那些能够掌控情绪的人，而不是被那些情绪牵着走的人，而那些人一定是思维的佼佼者。

第八章　正确释放情绪

01　静能生慧

"昨天晚上我儿子没好好写作业，我很生气。"

"你就是太着急了，孩子不想写作业，我们可以想办法呀。"

"对呀，我就是害怕他不写作业，老师在群里说他，我自己觉得丢人。你家姑娘有没有不写作业的时候呢？"

"当然有呀！当你有情绪时，最好要冷静一下。"

"那你给我讲讲，你是怎么让你姑娘写作业的？"

"好，我记得我家姑娘上三年级时，在一个周五的晚上，我让她写作业，她答应得好好的。我记得当时是做一张卷子，一般一张卷子一个小时她肯定能做完，结果等我过去检查的时候，发现她一个字也没写。我当时就很生气，问她为什么没写，结果她说：'我今天晚上不想做作业。'我火气又上来了，感觉很烦，气得我坐在沙发上。过了一会儿，气消了，我就问自己：'我为什么非要让女儿周五晚上做作业呢？明天是周末。'当我问了这一连串的问题之后，我发现有答案了。当我这么想的时候，反而没有那么难受了，有一种豁然开朗的感觉。然后我就对女儿说：'行吧，你想写就写，不写就算了。'女儿真的没有写作业，疯玩了两天。在周日的晚上，她突然想写作业，大概是晚上八点钟。因为两天的作业堆积到了一起特别多，她写呀写，写到十点钟了还没写完，而且她有点瞌睡了，一边哭一边写。看到女儿哭，我也心疼，还好女儿很倔强，硬是边哭边把作业写完了。写完已经晚上12点多了，那个字写得七扭八歪的，我就想着老师肯定要说她。果不其然，第二天一回到家，女儿就赶紧写作业，我当时还挺奇怪的，问她：'为什么要着急写作业？'女儿说：'妈妈，昨天的感觉太难受了，而且老师都批评我了！我今天要好好的，早点写作业。'从那以后，孩子写作业可认真了，早早就完成了。"

其实，不管我们遇到任何事情或者是问题，第一时间绝对不能冲动，一冲动就有可能做出让自己后悔的事情。

当我们遇到事情时，需要让自己冷静下来。让自己冷静下来，其实也是一种智慧，正所谓静能生慧。

为什么说静能生慧呢？

首先，我们的大脑会进行资源分配，把不同的资源送到需要的地方，也就是我们所说的自制力。在我们进行认知时，我们的控制力就会减弱，也就是当我们带着情绪处理问题时，注意力是不能集中的，这样就会受到影响。

其次，当我们不能安静下来时，心情通常都比较烦躁，就会影响我们的行为，我们的行为就会影响我们解决问题的效果。

再次，当我们安静下来的时候，头脑才会处于理性状态，才不至于做出错误的判断。一旦情绪不稳定，很容易把事情搞砸，处理事情的时候也不能够客观。

茨威格曾经说过这样一段话："安静是一种很有力量的氛围，正如一只装满液体的瓶子摇晃过后，一旦安放在桌子上，就会出现沉淀物。"

一桶不干净的水，如果放时间长了，那些泥沙就沉到了桶底，这样桶里的水就干净了。也就相当于人安静下来，思维就变得敏捷了。

我们遇到情绪的时候，如果能够冷静思考是最优雅的姿态。正所谓事急则缓，事缓则圆。

的确是这样，为什么人们说做事的时候一定要冷静，也是同样的道理。如果我们处于比较焦虑或者冲动的状态，做事情时往往会比较急躁，而且也欠缺考虑，通常结果就是这件事情处理得不理想。

还有一点，事情已经发生了，我们要接纳现在这个状态，任何的生气焦虑都于事无补，只会把事态推向另一个面。

当我们无法改变事态时，不如学着改变自己，把情绪尝试着放一放。

人生在世，烦恼在所难免，但要学会冷静处理，我们要相信没有过不去的坎。

我们通常看到一些智慧的人，每当我们看到他们的时候，他们身上都是淡定从容、很安静的样子。

当我们焦虑时，往往也不是解决问题的最佳时机，这个时候解决问题都会有所欠缺。

常言道：心乱，一切乱；心安，一切安。

人越安静，内心越有力量。

有一位名人说过："人生的使命就是把生命照看好，把灵魂安顿好。人生最好的境界是丰富的安静。"

希望我们每一个人都能够照顾好自己，也能够学会爱自己，任何时候都不要让自己处在焦躁不安中。

这个世界上从来都没有过不去的坎，只有静下心来，才能找到方法。

《菜根谭》里有言：君子事来而心始现，事去而心随空。

事情来临的时候，不要乱方寸，这是一种境界，也是一种格局。心放宽，事看远了，格局大了，生活也就跟着变得美好了。

02　学会倾听

在生活中，你和孩子的关系怎么样？很多妈妈会说还行，也可能有很多妈妈会说，无论我跟孩子怎么说话，他都跟没听见一样，我真的无语了，不知道该怎么办。

其实，从本质上来说，是因为妈妈没走进孩子的心里。

特别是孩子有情绪时，倾听就显得尤为重要。

就拿我女儿来说，今天的饭不合胃口，今天的衣服不好看，今天的鞋子不舒服，这些都能成为她发脾气的理由。而且她还不说，只是发脾气，就让你猜，你如果没猜对，她就会哇哇大哭起来。她爱哭，之前我一看到她发脾气、哭，还想办法哄她，可后来我发现越哄她，她哭得越厉害。最终我忍不住发火了，我以为我这样做能让她的脾气好转，或者能让她停止哭泣，但却适得其反。

为此我苦恼了很长一段时间，直到偶然间在一本书上看到了这样一句话：和孩子之间最好的相处方式就是学会倾听。

我就想着我要怎样倾听呢？

结果机会来了，中午姑娘一进门就黑着个脸，把校服直接脱下来，扔到了地上。我一看情况不妙，赶紧问她："宝贝，发生了什么事儿？"

"我后面的那个同学上写字课的时候把毛笔甩在我身上，

你看我的衣服上一片黑，他还拿湿巾给我擦，结果越擦越多，黑黑一大片，我怎么穿呀！"女儿一边说，一边很气愤。

"行，妈妈知道了，这件事情我来帮你解决，你先吃饭吧！"

"可是妈妈，我心里好难受啊，这是我的校服！"

我马上抱了抱她，对她说："宝贝，他在你后面肯定不是故意的，对吧？要是故意的话，不可能只甩那么一点。"

"他的确不是故意的，他是不小心甩的，他甩完之后还拿湿巾给我擦，可谁知道一个黑点变成了一大片，这多影响美观呀。"

"对呀，妈妈也看到衣服上黑黑的一大片，的确不好看，可是妈妈有办法。"

"真的吗？妈妈，你真的可以把这一片黑色的都洗掉吗？"

"当然了，你要相信妈妈，我是可以做到的。"说完我亲了亲她的额头，先让她吃饭去了。

趁她吃饭的空，我就在网上搜了一下，怎么样才能把墨汁洗干净。网上给到的方法是，涂抹上风油精，然后拿肥皂一搓就干净了。

于是，我就按照上面的方法，还真的把衣服洗干净了。等我把洗干净的衣服展现在她面前的时候，女儿特别开心。

要是之前，女儿把衣服丢到地上，我就会很生气：为什么要把衣服丢到地上？

当她生气时，我通常都会说："你的衣服弄脏了，怨谁？还跟我发脾气！"

然后我俩肯定会吵起来，她生气，我也生气。

当我学会了倾听，发现很多问题解决起来轻松多了，而且女儿脸上的笑容也多了。

一位著名的心理学家说过："如果有人倾听你，不对你评头论足，不替你担惊受怕，也不想改变你，这多么美好啊……每当我得到人们的倾听和理解，我就可以用新的眼光看世界，并继续前进……这真是神奇啊！一旦有人倾听，看起来无法解决的问题就有了解决办法，千头万绪的思路也会变得清晰起来。"

之前一遇到问题，我跟女儿很容易抬杠，她会哭，我会生气，这个状态我俩会持续很久。有的时候她气得连饭也不吃，而我也是气得咽不下饭。

这背后的原因就是因为没有学会用心去倾听。所谓倾听，不是听孩子讲发生了什么事，而是倾听背后的情绪和感觉，从而达到共情。孩子感觉到被理解、被尊重，情绪自然就不会那么强烈了。

为什么说学会倾听很重要呢？

首先，孩子的表达能力或者语言能力，有很多时候达不到，他们往往用哭或者发脾气来表达自己的内心想法。如果说我们能及时察觉到孩子的情绪，那么很多问题会迎刃而解。

其次，当我们学会倾听，孩子自然愿意跟我们交流。我们跟孩子交流得越多，越能了解孩子，在他们需要帮助时，我们能够给予他们需要的东西。

再次，当我们学会倾听，把话语权交给孩子时，孩子的独立能力得到了锻炼，孩子的思考能力也得到了启发。最重要的是，我们和孩子之间的关系也会越来越好。

为什么有的孩子跟妈妈之间的关系紧张呢？很可能就是因为妈妈和孩子之间没有形成良好的沟通，妈妈很少去倾听孩子的想法和感受。

倾听并不只是我们要听孩子说话，而是我们要用倾听的方式来表达对孩子的爱，孩子从我们这里得到的信息是：妈妈关注我，妈妈很爱我。

在倾听的过程中，我们需要让孩子把话说完，只有他们把自己的情绪表达出来，我们才能够知道孩子到底是怎么了。

不管孩子是生气还是爱哭，从某种角度来说也是好事，说明孩子懂得排解自己的情绪，这是他内心的一种表达。

只有孩子在获得有效的倾听之后，情绪才能够得到缓解。当孩子情绪稍有好转，我们要继续留在孩子身边，因为我们刚刚和孩子建立起了链接，如果马上离开，孩子就会有不安全的感觉。

虽说孩子的情绪会拉扯我们的情绪，可我们要做好孩子情绪的"消防员"。

就像《哈佛女孩刘亦婷》一书里，刘亦婷的妈妈在女儿上幼儿园时，就经常跟孩子沟通交流，并且她会倾听孩子的每一次分享。不管孩子说什么事情，她都会积极回应。

想一想，有多少家长在孩子回家之后会第一时间跟孩子交流：你今天在学校过得怎么样？有没有什么事情发生？

很多最关注的是：考了多少分？今天的作业做完没有？这给孩子的感觉是，你关注的是我的分数和作业，却并不关注我。

那我们怎么才能够走到孩子的心里呢？我们需要如何正确倾听呢？

1. 倾听时全程看着孩子的眼睛

很多家长在孩子跟自己交流时，喜欢一边说一边干活儿，通常沟通的效率会比较低，孩子的感受不好，孩子可能会觉得父母在敷衍。

要听就认真地听，停下手头的所有事情，看着孩子的眼睛，这才是倾听的最佳打开方式。

2. 在听的过程中，不要打断孩子的话

很多父母在倾听的过程中容易有一些主观判断，打断孩子的话语。这时应该让孩子把话说完，站在孩子的角度去思考孩子的感受，这样的沟通才是高效的。

3. 给予孩子一些建议

跟孩子交流完之后，我们可以给孩子一些中肯的建议，而不是盲目责备孩子这个没做对、那个没做好，因为孩子的成长需要一个过程，而这个过程需要父母的引领。

倾听就是放下自己的身份，跟孩子换位思考。倾听对于孩子来说是理解也是尊重。倾听对于我们来说，是爱也是对孩子的一种回应和礼赞。

03　空杯心态

"恭喜小鱼妈妈，终于学会了放下，与婆婆冰释前嫌，开始过上自己想要的生活。"

那天在直播间里看到了小鱼妈妈，谈笑风生、淡定从容，跟之前判若两人。

小鱼妈妈的故事我是知道的，在她生了二宝之后，婆婆伺候了没几天就走了。婆婆一走，先生又不在，她要同时照顾两个孩子。

这放在谁身上一时之间都有点接受不了。小鱼妈妈也不例外，当时她的老大上幼儿园，二宝还小，两个孩子都需要妈妈的照顾。面对这样的生活，她真的是不知所措。而先生觉得他妈妈有选择的权利。

直到那天在《做一个温柔坚定的女子：不委屈，不妥协》里看到这样一段话：养育孩子是父母的责任，祖辈帮忙带孩子是情分，帮了应该感谢，不帮也不应抱怨。自己带孩子，有助于孩子和母亲建立良好的关系，有助于丈夫尽快进入父亲的角色。

就这一句话，让她醍醐灌顶。后来，她开始积极面对生活，不管遇到什么问题，她第一时间都会想办法解决。通过学习，她不断地得到成长和锻炼，不仅文章频频上稿，而且还在直播间分享自己的故事，受到很多妈妈的喜爱，真的很羡慕她事业爱情双丰收。

我们看到了小鱼妈妈幸福的一面，却也要明白幸福的背后是努力。在这个过程中，她说自己本身也有很多情绪，不过最好的办法就是保持一种空杯心态。

什么是空杯心态呢？百度是这样定义的："空杯心态"并不是一味否定过去，而是要怀着否定或者说放空过去的一种态度，去融入新的环境，对待新的工作、新的事物。

就像小鱼妈妈，放空对婆婆带娃的偏见，然后积极面对现在的问题和困难，现状才会发生改变。

但并不是人人都有这样的心态，很多时候我们会不由自主地被情绪牵着走。就算知道这个道理，可知道是知道，做到是做到，这是两码事。

那为什么一些人做不到呢？

首先，总是以固定的思维模式去看待周围的人和事，一不顺心就很容易有情绪，而情绪的来源还是因为思维的固化，只有我们把这些旧的思维模式倒出来或者放空时，才能看到生活另一面的惊喜。

其次，不爱学习，不学习认知和思维不会改变，一遇到事情还是按原来的方式，不自觉就走了老路。只有不停学习，我们的认知才能改变，也才能让心灵得到滋养，由内而外去改变。学习之后，我们才能看到情绪的外衣是什么，不学习就永远不知道该如何应对。

再次，不愿意改变。这是一个知识更迭的时代，如果说我们不能及时接受新的信息，那我们的思维就会固化。不改变认知就会在旧有的思维里转来转去，不管转多久还是同一种思维，始终想不开。

只有不断接受新的知识，才能让自己的大脑变得丰盈起来，不愿意改变自己，生活自然无法绽放出不一样的色彩。

我们如果想在这个社会生存下去，必须学会随机应变，更需要有空杯的心态。如果我们的脑子还装着旧有的思想，那么当新的意识来临时，我们是装不下的，因为它已经满了。

最好的方式是把旧有意识全部倒出来，灌入新的思想，只有这样，我们才不至于像井底之蛙一样，困在旧有模式里不能自拔。

我们要和情绪打持久战，就需要让自己注入新的活力，也要经常给自己的心情洗澡，让自己由内而外地焕发出生活的活力。

就像我曾经看到过的一个故事，讲的是一个人听说一个寺院里有一位老禅师，便想去拜访他。

老禅师接待了他，并且给他沏茶，可杯子已经满了，老禅师还在倒。他就问："大师，杯子已经满了，你为什么还要倒呢？"

大师说："是啊，已经满了。"

这个人突然意识到自己哪里有了问题。他以为往心里装更多的东西就可以得到更多，事实上他的心已经满了，怎么能装进去东西呢？

对于我们的情绪来说也是如此，只有把那些负面情绪倒出来，才能装进去更多的正能量。

我们难免被各种情绪所困扰，但我们也可以让生活变得更美好，你想要什么样的生活完全在于你自己。

保持空杯心态，不仅是一种心态，更是一种智慧。

这个时代，不少人跟情绪拉扯着、纠缠着，结果导致自己的生活鸡飞狗跳，甚至越过越糟。

最好的方式是跟情绪划清界限，放下情绪，放下成见，放下那些人和事。

很多时候我们真的是自寻烦恼，多问问自己：那些人和事真的会困扰我们的生活吗？其实不会，我们更多时候其实是庸人自扰。

当我们学会放下，把心态归零时，就会发现那些人和事都不是事，就像有句话所说的，心大了，事就小了。

那我们该怎么放下呢？

1. 不跟一些人和事纠缠

很多时候我们有情绪，就是因为跟一些过往的人和事一直在纠缠，导致我们一想起这些人和事，就觉得很烦躁，情绪马上就来了。所以断掉这些念头，我们的生活才能过得更好。

2. 多问一问自己，这些人和事是否会对生活造成影响

有很多时候我就问自己：那些人和事，会对我的生活造成影响吗？如果不会，那么为什么要把自己的时间和精力白白耗费在上面呢？当我们意识到了这一点，很多事也就想开了。

3. 学会与情绪和解

困扰我们的是情绪，是我们的感觉，而不是他人真的伤害到我们。就像有人所说，这个世界上没有人能把你打倒，除了你自己。我们要做的是学会与情绪和解，看淡那些人和事。

世界很大，不要把自己困在情绪里；世界很小，只能装下你我。

所以选择过什么样的生活，完全在我们自己。

04　拥抱大自然

"小米妈妈，我今天心情不好，去公园走了一圈才回来，现在觉得心里舒坦多了。你知道，各种各样的事情，真的很烦。后来我就想着不妨出去走走吧，就去公园转了一圈。我走走停停，看看树、看看花、看看草，忽然心情豁然开朗，好像很多烦恼事都没有了。"

"对啊，当我们走进大自然的时候，就会发现我们人类是如此渺小，大自然可以装下这么多，我们为什么就不能活得舒服坦荡一些？"

那天，一位妈妈给我发来了这样一条信息，我也深有感触。

记得五月份的一天，也不知道怎么了，心情特别烦躁，当时先生正好休息在家，我就让他看着孩子们，自己独自一个人去了公园。

　　我在公园里待了大概一个多小时，说来神奇，来的时候感觉负能量很多，走了一圈之后，感觉很多不舒服的情绪竟然没有了。

　　回到家，先生还问我："怎么出去的时候阴着个脸，回来的时候就阳光灿烂了呢？"

　　我对他说："是大自然治愈了我。"

　　他当时什么都没说，只是傻笑。可能他在心里想，大自然怎么能治愈我呢？事实上，的确是大自然治愈了我，治愈了我的坏情绪。

　　当我们有情绪的时候，为什么要走进大自然？

　　首先，心情不好的时候，我们会觉得比较低沉，而且我们待在房间里，空间比较狭小，如果去到大自然中，我们的视野变宽了、空间增大了，压抑的情绪自然就变少了。

　　其次，大环境下，很多人不会主动跟别人沟通，也不会把自己的坏情绪发泄出来，所以内心有一种孤独感。

　　而归属感是我们每个人都需要的。一走进大自然中，我们感觉到了被接纳和被理解，心情也好了很多。

　　当我们走进大自然的时候，看到大自然的广阔，想到自己因为某些事情想不开，而大自然能容纳一切、包容万物，那自己为什么就不能包容那些烦心的事呢？

就像雨果曾说，世界上最宽广的是大海，比大海更宽广的是天空，比天空更宽广的是人的胸怀。

当我们看到了大自然，很容易想到我们自己，很快就会慢慢释然。

生活在这个纷杂的世界中，我们很容易被负面的情绪影响，这时我们需要站在另外一个视角，把我们从负面的情绪中捞出来。

曾有研究表明，户外散步确实可以帮助人们保持头脑清醒，但只有在大自然中才有效。而且相关人员也曾经做过调查，显示的结果是，在大自然中散步的人比在城市中散步的人更容易得到反思。

一个研究团队发现了自然界的声音对健康有益的证据，而且他们还发现，水声在改善情绪和健康状况方面最为有效，鸟鸣则可以减少压力和烦恼。

研究者说："这项研究突出了大自然给人类的一个尚未得到充分认识的益处。大自然对健康的积极影响和减压益处，比以往任何时候都更为显著，它有助于抵消日益增加的焦虑和心理问题。"

的确，当我们走进大自然，置身于美丽的风景中，肯定会忘却很多烦恼和忧愁。大自然让我们感到生活是如此美好。

我们要学会正确释放情绪，所以说亲近大自然是一种不错的方式。

一位著名歌手说："每当我的心情沮丧时，我便去从事园林劳作。在与那些花草林木的接触中，我的不快之感也烟消云散了。"

我们在大自然中行走，看到的都是美好，感受到的都是广阔和辽远，我们心境中的那些压力，随着与大自然不断地接触和交流，就会慢慢流淌出来。

走进大自然，相对而言比较安静，我们不会被打扰，也不会被各种事情所牵绊，只是静静地享受这种片刻的美好，就会想到人生除了忧愁烦恼，我们还可以以另外一种方式来过自己的生活。

就像我前面说的一样，看到了大自然的广阔和无边，就想到了我们自己的胸怀应变得更宽广一些。当我们能容纳更多的人和事，那还有什么可以困扰我们呢？

就像《瓦尔登湖》的作者梭罗，在 28 岁之前，他可以说诸事不顺，比如得不到编辑的赏识，被心爱的姑娘抛弃，等等。这一连串的事情，让他的身体和心理受到了重创。

后来，他去了瓦尔登湖隐居。在那里，他和大自然和谐相处，看日出、望日落，用自己的生命体验着大自然的美好。

正因如此，才写出了风靡全球的《瓦尔登湖》。

走进大自然，不仅能陶冶我们的情操，还能让我们的身心得到全面的放松。无拘无束的生活，才能产生创作的灵感，才能写出更好的作品。

有时，是我们把自己的思维限制了，才会滋生那么多烦恼和忧愁。走进大自然，散步也好，跑步也罢，抑或是边走边看，都会让我们的心境和心情发生变化，这种改变是由内而外的。

走在大自然中，不仅有利于我们的身心，还能让我们感受到生活的美好。我们要像大自然一样，不争不抢，去接纳所有的风雨阳光。当我们接纳了这些，我们就会明白，我们的生活会充满风雨，但也会有阳光来临。有风雨的时候，我们就想办法避风躲雨；阳光来临的时候，我们就尽情享受阳光的温暖。

生活对每个人来说都是平等的，我们会遇到好情绪，也会遭遇坏情绪，不管是哪一种情绪，我们都能在其中得到成长和历练。

我的电脑桌面就设置成了一幅画，画中是一片森林，心情不好的时候，看一看，心情就舒坦了很多。

相关人员发现，每天去享受大自然的人比不去大自然的人，身体和心里更舒服。走进大自然是成本最低、收获最多的一种方式。

现在很多城市中都有公园，我们随时随地都可以去，不受时间和空间的限制。当我们认真地去看每片树叶，欣赏每朵花的时候，会发现可能这是我们从来都没有认真去体验的美好。当我们感受到了这种美好，内心也会滋生出一种美好的情绪，那些负面情绪自然就没有了。

生而为人，我们会被很多情绪困扰，我们需要为自己的心灵寻找一方净土，为自己的心情寻觅一方轻松之地，大自然是不二的选择。

05　今天比昨天有进步就好

"姐，给你汇报个好消息，我发现我最近进步了，之前总是忍不住训孩子，现在我能意识到自己有情绪了，也能管理好自己的情绪了。心情不好时，我就会对孩子说：妈妈现在心情有点不美丽，你自己玩一会。"

"有时孩子听见我这么说，转身就告诉妹妹：妹妹，妈妈现在心情不好，你不要惹她！他这么一说，我反而忍不住笑了。我觉得很开心，以前真的是控制不住想发火，现在已经学会处理情绪了，而且我和孩子之间相处也越来越融洽了。"

"真好！我就知道你可以做到！"

"多亏你一直引导我，不然的话，我现在真的还陷在情绪中出不来呢。"

"对呀，的确是这样，只要我们找对了方向，情绪也不能奈何我们呀。"

妹妹那天跟我聊天时说出了自己的新发现。看到她笑容满面的样子，我都替她开心。

之前，妹妹几乎每天晚上都会向我求助，说孩子出现这样的问题应该怎么办？出现那样的问题应该怎么解决？

我也分享了她一些方法，但关于情绪这方面，她好像控制不了自己。她说自己白天通常上班状态还好，可是晚上一回到家，两个孩子都需要她，很多事情还需要做，她真的是分身乏术。

我当时就建议她，让她学会借力，不要什么事情都往自己身上揽，也让先生接手看孩子这件事情，现在只要回到家，先生就会帮她分担。渐渐地，她感觉自己没那么焦躁了。

我经常跟她说要觉察情绪，她当时一头懵，不知道怎么回事。我就对她说，情绪来临时，你觉察一下，因为你是有感受的，你有不舒服的状态就觉察一下，到底是因为什么引起的。

后来有一天，她突然对我说，能觉察到自己的情绪了。能够觉察到情绪就是好事，觉察意味着接纳，觉察意味着改变。

有情绪时，她通常都会做深呼吸。她说，深呼吸真的很管用，一做深呼吸，很多情绪就消散了，一做深呼吸感觉压力也减少了。

一些人对于情绪总是处在一种不知所措的状态，就是很容易陷入情绪里，拔不出来。或者有的人已经开始改变自己，但突然有那么一天，自己又开始发脾气时，就开始觉得自己是不是又被打回原形了？

事实上不是这样的。

情绪是跟我们同在的，而且它时刻在我们的身边。不能说情绪像呼吸一样重要，但情绪就像我们吃饭一样，是生活中必不可少的一部分，任何人和事都会引起我们的情绪。

有情绪并不见得是坏事，有情绪时，我们能够觉察到情绪，那就是好事。

当我们觉察到情绪，也就意味着我们接纳了情绪，学会正确释放情绪才能管理好情绪。

我觉得管理情绪就像我们吃饭一样。既然我们要吃饭，是不是得准备食材？是不是得炒菜？是不是得准备大米或者面条？

只有我们把前面的准备工作做好了，最后饭菜才可以做好上桌。

关于情绪，也是同样的道理，我们管理好情绪，一定是在我们觉察情绪、接纳情绪、释放情绪后才能学会管理它。

当我们学会管理情绪时，我们的生活就会上一个台阶，我们面对任何人和事都会比较淡定，不会像之前那样被牵着走。

也就是说，我们的认知达到了一个高点。被情绪牵着走，是很多人都有的体验，但当我们认知了情绪，就上了一个新台阶，所以说并不意味着我们又被打回了原形。

情绪又来了，就像我们肚子饿了，需要吃饭一样，既然情绪来了，我们就处理它，就是这么简单。

如果说我们现在肚子饿了，是不是就意味着我们没吃饭呢？当然不是。对于情绪，也是一样，情绪每时每刻都可能出现，但并不代表着我们没有进步。而是此时此刻，情绪又出现了，好了，我们要做的就是打败它。

有情绪的时候，我反而觉得很开心，这可能跟别人有点不一样。

当我有情绪时，我觉得这是一件好事，情绪能够让我成长。这一路走来，我遇到了很多事情，从之前的不懂情绪到现在能够管理情绪，我也走了很长时间的一段路。

在这段路上，我也否定过自己，同时我也看到了自己的成长。

现在只要有情绪，我立刻就能找出情绪的缘由，然后想办法解决这个问题，问题解决了，情绪自然就没有了。

有时我们没处理好情绪，可能是用错了方法。有人总是先处理问题，再处理情绪，结果越处理越糟糕，最好的方法就是先处理情绪，再处理问题。

不管是关于孩子的事，或者是关于生活中的其他事，都是同样的道理。

现在情绪一来临，我就知道我是怎么了，我就会想办法解决问题，问题解决了，情绪自然就变好了。

而且在学会管理情绪的这条路上，我一路披荆斩棘、勇往直前，觉得自己的内心越来越强大，生活也变得越来越美好。

现在我不畏惧情绪，很喜欢情绪，以前可能情绪来临时，我需要好几天调整，现在情绪来临时，可能只需要几分钟或者十几分钟。这些对于我来说都是成长。

那我们如何做才能管理好情绪呢？

1. 情绪来临时，不要惧怕

很多人看到情绪又来了，第一反应就是躲避，不想面对了，怎么它老来呀？正确的方式是勇敢面对情绪，来临了，我们要做的就是挑战它。俗话说得好：你强它就弱，你弱它就强，当我们不惧怕情绪了，情绪自然就会被我们消灭掉。

2. 当情绪来临时，要相信自己可以管理好它

当情绪来临时，是不是我们就管理不了呢？当然不是。情绪来了它自然会走，我们要做的就是接纳它。当我们擅长管理情绪时，就会发现情绪来得快、走得也快。

3. 全然地敞开心扉，拥抱情绪

情绪来临时，我们不要抗拒，全然地拥抱它，就像拥抱我们的某个缺点一样，我们拥抱了情绪也等同于我们拥抱了那个不完美的自己。

当我们全然地敞开心扉时，情绪在我们内心这片海洋里，它再激荡也不会起太大的浪花，因为我们的心胸已经全然地敞开。当我们的心胸敞开时，情绪的浪潮迟早会退去。

我们每时每刻都可能要跟情绪打交道，只要我们看到了它，勇敢地接纳它，你就会发现，它也没有那么可怕，反而变得可爱起来。

那是因为我们的心境变了，就像我们有一个小宠物，它有时调皮，但有时也挺可爱呀。

第九章　管理好情绪

01　爱自己

"我感觉自己好失败，很多育儿方法学习了都不会用。这几天孩子不听话，没有完成幼儿园老师布置的任务，我很郁闷，不想吃饭。"

那天在写作班，看到了一位宝妈发来这样一段话。

突然觉得有一句话很应景：我们很多时候都是拿别人的错误来惩罚自己。

想起了另外一位妈妈，她说刚结婚时她跟老公一吵架就不吃饭。用她的话来说，吵架都吵"饱"了，还吃啥呀？

但她老公很爱她，会把饭端到她的面前，还很耐心地哄她吃饭。

随着时间的推移，一吵架她就不吃饭，她的先生也懒得搭理她了。结果有一次一天没吃饭，她实在饿急了，就自己去外面吃了一顿。吃完饭之后，她就在思考："为什么自己一生气就不吃饭？不吃饭是在惩罚谁呢？"

终于，她想明白了，不吃饭，受罪的是自己，难受的也是自己，应该好好爱自己。

后来她就学聪明了，吵架归吵架，你说一句我说一句，吵了架之后该吃吃、该睡睡，不会用不吃饭来惩罚自己了。

事实上，像这位妈妈这么聪明又理性的女性有不少。的确是这样，当一个女子结婚有了家庭和孩子之后，很容易把自己排在最后。我们爱孩子，爱先生，爱我们的家人，可能却很少爱我们自己。想一想，你有多久没有好好打理自己了？

我自己就是一个活生生的例子。自从结婚有了孩子，吃喝拉撒全都为孩子着想，关于先生的一切自己也在打理，唯独到了自己这里，不管买啥，总是一副舍不得的样子。

我们可能从来没有真正认识过自己。很多妈妈一直活在自我的小世界里，父母的相处模式无形之中影响了我们，甚至影响了我们以后跟另一半的相处模式。

再次，我们没有学会自我欣赏。我们每一个人，都有自己的优点和长处，只有我们对自己有了正确的认知，清楚自己的优点和缺点，扬长避短，才能看到自己与众不同的一面，而不是一味把自己放在家庭主妇的位置上。

有很多妈妈真的不会爱自己，结婚之后就把自己抛给生活和家庭，忘却了自己的价值，也忘记了自己本身很优秀，总想得到家里其他人的认可。这时，我们就容易被他们的情绪带着走。

我们忘记了之前我们也很优秀，也有价值，也会被别人欣赏，只是回归家庭之后，我们的世界变小了，被否定的时候，我们就觉得他们说的可能是真的。

拿不吃饭来惩罚自己，即使这样，关心我们的人又有几个，也许一次两次有人会关心，时间长了大家都没有耐心了，不吃饭只有自己受罪。

有的人一生气就暴饮暴食，有的人一生气就购物，结果吃得多了会难受，买的东西多了信用卡会刷爆，得不偿失。

这些行为都有点过激。我们以为现在的局面是别人造成的，别人应该承担一部分责任，其实这都是我们自己的想法而已。只有看清自己的价值和取向，懂得欣赏自己，才是真正爱自己。

有一个名词叫吸引法则，指的是思想集中在某一领域时，跟这个领域相关的人、事、物就会被吸引而来。如果我们学会爱自己，那别人也会反过来爱我们，生活才会越过越有滋味。

只有我们不断地欣赏自己、肯定自己、允许自己犯错，才能真正接纳自己。在我们的世界里，我们不可能永远做得好，我们也要能够察觉自己做得不好的地方，要学会包容自己的错误。只有这样，我们传递出去的才是包容、善良，而不是一直对那件事情耿耿于怀。

只有我们对自己有了正确的认知，相信自己是独一无二的，这个时候我们才能学会爱自己。

当我们学会了爱自己，就会发现这个世界也会为我们让步。

我们要明白，生活是自己的，今天有什么样的心情，也是自己的。

生活中有太多不如意的事情，不要因为一些小事而耿耿于怀，更不要因为这些事情而毁掉今天的好心情。

有时我们很还在意别人，这可能反而会让自己更难受，没必要折磨自己，更不要用别人的错来惩罚自己。

那我们该如何爱自己呢？

1. 不管发生什么，正常生活就好

有些人，一不顺心就开始不吃不喝不睡，企图让对方从我们的行为中得到反省，但这样只会让自己受累。

不管发生什么样的事情，该吃吃该喝喝，这才是正确的生活之道。

2. 接纳自己的不足

我们每个人有优点就有缺点，不要只看到自己的缺点，只看到自己做得不好的那一面，应该看到自己优秀的一面，只有我们多展现自己、多接纳自己，我们才能够理解自己，

因为我们每个人都不完美。

3. 学会正确评价自己

你怎样评价你自己，别人就会怎样评价你。你越看低你自己，别人就会越轻视你，环境就是这样的。

都说爱哭的孩子有奶吃，当你觉得自己很宝贵、很珍贵的时候，别人自然不会把廉价的东西给到你。

所以说，学会正确评价自己很重要。我们每个人都会有情绪，不要总是拿情绪来惩罚自己，应该学会好好地爱自己。

犯错并不可怕，可怕的是拿别人的错误来折磨自己。

02　做一件有意义的事

"跟着大家读书，真的让我眼界大开，书原来是这样读的，把书中的道理和生活结合在一起，让知识变成智慧，知行合一，我觉得读书太有趣了。"

"现在我不仅能够读书，而且用文字记录下来，刚刚还烦躁的心情，马上平静了很多，我把很多琐事捋了捋，还把代办的事宜写下来了，我觉得读书带给我的好处就是能够让我的心安静下来。"

"一起读书真的好神奇，不仅内心可以获得平静，而且当大家把读书感悟写出来的时候，每个人的理解感悟不同，所以很容易擦出思维的火花，让自己眼界大开。"

这是读书的小伙伴们发出来的感悟，这里面有很多全职宝妈，也有很多职场妈妈，她们不管多晚都会读书，不仅每天读书，而且打卡把感悟写下来。

因为大家坚持读书，改变了很多妈妈懒惰的习惯，还有的妈妈因为坚持读书，心慢慢变得安静了下来。

特别是很多妈妈说，当自己有情绪时，就选择来读书。读书时，不断用文字来记录，很多情绪就能得到释放。

的确是这样，阅读是输入，写作是输出，如果我们看了能够写出感悟，那最好不过，这是一种情感的交流，也是一种内心的宣泄。

记得有一位妈妈说，她总是通过文字跟自己的内心对话，不仅重新审视自己，而且跟很多事情都和解了。

不知道大家有情绪的时候，有没有想过去做一件比较有意义的事情呢？那什么才能称之为有意义的事呢？

我个人觉得，读书、画画或者是做自己喜欢的事情，就可以称为有意义的事。

那为什么当我们有情绪时，需要做一件有意义的事情呢？

首先，当我们全神贯注去做一件事情的时候，我们的注意力就会集中到另外一件事情上面。当我们集中精力时，我们就会认真去做这件事情，当我们认真去做事情时，就不会去想其他的。

其次，当我们认真去做一件事情时，脑子里就不会去想别的事情，也就不会分神，而是想着要去把这件事情做好，这种想法就会促使我们更加用功。

再次，当我们专注于一件事情时，大脑就会发生一系列变化，让我们保持专注力。还会分泌一些激素，能够让我们减轻痛苦和压力，这样我们在做事情时能感觉比较轻松快乐。

的确是这样，我们生活在这个纷扰的世界中，总是会被各种各样的情绪所影响和干扰，这时我们要选择一种适合自己的方式。

做什么事情能让我们专心呢？答案是做自己喜欢的事情。当我们沉下心来想认真做事的那一瞬间，我们的心首先安静了。

在那一瞬间，就剩下眼前的事情，我们没有了情绪，也没有不开心，只想把眼前的事情做好。

等我们做完之后，会有一种舒服的感觉，就像有人所说，什么时候才能不浮躁，那就是当我们认真专心地做一件事情时。那个时候的我们是安静的，也是宁静的。

比如我比较喜欢读书，一读书马上就进入了状态，如果刚才心情不好，我也会抛到脑后。在读书的过程中，我一边读书一边思考，一边做笔记，把自己的感悟随时记录下来。

就是通过不断地输入和输出，读完书之后，有一种酣畅淋漓的感觉，真的感觉很舒服、很惬意。

而且多读书，自己的视野也被打开了，知识面也不断扩宽。

就像有人所说，读书是有用的，是生活的必需品。

而且多读书还可以帮我们解决一些问题，比如家庭问题，沟通问题，等等。

比如在某一本书里，我学习到要走进孩子的内心，理解孩子，那么我们在生活中就要观察孩子，站在孩子角度去思考问题，这也算做到了学以致用。

通过读书，我们不仅收获了知识，而且收获了宁静，就像上面的小伙伴所提到的，因为读书，自己的心变得安静了下来。

林肯在做总统的时候，有一次，一位部长抱怨，说他受到一位少将的侮辱，心生不悦。林肯建议他做一件有意义的事情——给对方写一封尖酸刻薄的信来作为回敬。

很快，部长就把信写好了，写好之后，他想马上寄出去。

林肯问道："你在做什么呀？"

部长回答："当然是把信寄出去呀。"

林肯笑了笑说："你傻呀，寄出去只会让两个人的矛盾不断升级，还是把信烧了吧。"

部长有些不解，林肯继续说："我生气的时候也是像你一样写信，但我们写信的目的是解气，如果说你还特别生气，那就继续写，一直写到你觉得舒服了为止。"

当我们有负面情绪时，可以做一件事情来缓解内心的不安。

像清代作家李渔，他有情绪的时候就写字，用他的话来说："予无他癖，唯有著书。忧籍以消，怒籍以释。"

而著名画家郑板桥，他的做法也比较直接，当他在官场受到排挤，郁郁不得志时，他就拿起笔来画竹子，一直画到他心里舒坦为止。他的竹子为什么会画得炉火纯青？我想肯定跟这一点脱不了干系。虽然他是在心情不好时练习的，但越是在这种时候，通过画画，越能冷静下来。

我记得有一位朋友是学瑜伽的，心情不好的时候，她就会练练瑜伽，而且随着她练瑜伽的时间不断地增长，她发现自己的心情不仅变得好了，身体也越来越棒。

对啊，当我们专注去做一件事情时，就会发现这件事情带给我们的收获不仅仅是我们所看到的，还有我们意想不到的。

那我们该如何做一件有意义的事情？

1. 做一件自己喜欢或开心的事情

当我们有情绪时，我们要学会管理自己的情绪，比如我们可以选择做一件自己喜欢的事，或者说让自己觉得开心的事情。

2. 立刻去行动

行动真的很重要，我们知道这件事情有意义，但一定要去行动才会有效果。比如每天读十页书，读完之后写感悟，把输入和输出相互结合，然后在生活中做一些小改变。

3. 坚持很重要

对一个人来说，什么最重要，坚持最重要。很多人总是会心血来潮，今天想起来做一件事，明天想起来又做另外一件事。

如果不能坚持，那么我们做这件事情的意义又何在呢？

当我们慢慢坚持，某一天就会发现，我们竟然前进了一大步。

有很多事情的价值可能不是很大，我们可以利用碎片化的时间去做。当我们认真做事情时，就会发现我们的负面情绪没有了，心境也变得越来越好。

我们每天就这样坚持着、坚持着，随着时间推移就会发现，当我们专注去做一件事情时，我们的人生之路会越走越宽，我们的心情会越变越好，我们的生活也越过越开心。

03　接触正能量

"小米妈妈，跟你聊了一会儿天，我心情好多了，刚才真的不知道该跟谁说，跟你说完，感觉心里敞亮多了，好像那些坏情绪都没有了。"

"那就好，我真的希望能够帮到你。"

"每次都占用你的时间，真不好意思。"

"没关系，其实我们每个人都有心情不好时，这个时候是需要向别人倾诉的，如果你有需求，可以随时来找我。"

"好的，谢谢你！"

这是我和一位宝妈的对话。也经常有宝妈跟我说，一有情绪就想跟我聊天，因为她觉得跟我聊天的时候没有评判，我只会跟她分析事情发生的原因，一起找到解决的方法，然后大家也会去实行，最终不管是育儿问题还是其他问题，慢慢都得到了改善。

当然，我自己也会遇到问题，当我遇到问题时，我也会咨询我的老师，她也会耐心地帮我解答。

这一路走来，我非常感恩遇到这样一位好老师，跟着她我不仅自己能得到成长，亲子关系、夫妻关系、婆媳关系也得到了改善。

如今，我自己生活幸福，还能够为妈妈们服务，助力她们成长，我真的觉得很开心。

我身边有很多这样的妈妈，她们跟我一样，别人遇到问题时，会第一时间去帮助。我们每天会分享自己的经历，从而给人启发，帮助更多的妈妈成长起来。

为什么我们接触正能量的人，自己的情绪能得到缓解呢？

首先，跟正能量的人接触，他们传递给我们的也是正能量。就像有句话所说，当负能量来临时，最好的方法就是升起一个正面念头。要想让一块地不长荒草，只有一个办法，那就是种满庄稼。

当我们自己没有能力升起正面念头时，就需要接触正能量的人，一接触他们，他们的正能量就会像汩汩的泉水一般流到我们心里。

其次，正能量的人本身就充满了力量和阳光，当我们跟他们接触或者聊天时，就像我们心里的一块阴影被太阳光照到了，越照越亮，那块阴影就会逐渐消散。

再次，跟正能量的人接触，他们不会盲目评价我们，通常他们会站在一个中立的立场上去帮我们分析问题、寻找问题，最后再帮我们想办法解决问题。当然了，要想解决问题，最主要的还是靠自己，一旦找到了问题的根源，我们内心就像有一块石头被搬开一样，敞亮了。

我个人在情绪不好时，很喜欢跟正能量的人聊天。

因为在聊天的过程中，他们会把自己的一些正面的信息传递给我，当我接受这些信息的时候，就无暇顾及其他事情了。

而且在聊天的过程中，不管我是抱怨也好、伤心也罢，对方会给我进行疏导，就像水管堵了一样，他们会一点一点把我堵塞的地方打通。通常到最后，聊天总是以愉悦的方式收场。

我不知道大家在心情不好时，第一个想到的是谁。反正我心情不好时，第一个想到的就是能让我开心的人，而不是让我难受的人。

当我有情绪时，我内心中没有力量，我通常都会找一个开心愉悦而且气场强大的人，有时候短短几句话就能让我茅塞顿开、醍醐灌顶。那些不开心的事，那些烦恼的事，在他这里都不是事。

当我们心情好了，我们会用赞赏的眼光去看我们的孩子，去看我们的先生，去看我们身边的人和事，甚至我们回看刚才让我们生气的人和事，还会觉得可笑：那是多么小的一件事情呀，大动干戈不值得呀。

当我们的心境变了，我们的世界就变了。

我们就会不由自主地跟着他们的心境，跟着他们的想法，之后我们的心情和想法也会随之发生改变。这就像吸引力法则一样，如果你的世界充满美好，你会把那些美好的事物都吸引到自己身边来。

古语说得好：近朱者赤，近墨者黑。想要成为什么样的人，就和什么样的人在一起。和积极向上的人在一起，我们就会变得向上。

就像网上曾经流传的云南昆明有一个"最牛宿舍"一样。宿舍一共有 6 个人，他们都是大四的学生，自从被分到一个宿舍，他们共同学习、共同比赛，一起度过了很多美好时光。

几年下来，他们一个比一个优秀，获得的奖金竟然高达 18 万元之多。

同积极的人在一起，生活质量完全不同。当我们积极上进时，内心也会充满了干劲，做起事来，内心也充满了力量。

《踮起脚尖去够你想要的生活》有这样一句话：与智者同行，你会不同凡响；与高人为伍，你能登上巅峰。

也就是说，和聪明的人在一起，你就会变得聪明，跟优秀的人在一起，你也会变得优秀。

身边的人对我们有着非凡的影响，就像心理暗示一样，久而久之，我们的生活和心境也会发生改变。

虽然我们无法改变身边的环境，但是我们可以选择过什么样的生活，也可以选择和什么样的人在一起。遇见对的人，我们就要挥别过去，拨开云雾见光明。

接触的人不对，就会觉得生活好像看不见阳光，感觉不舒服，心里有一种沉甸甸的感受。

这时，我们可以自己调整心态，如果说自己调整不好，就需要借助力量，借助别人的力量。

当我们借助别人力量时，就会发现原来生活也没那么糟糕，我们也没那么差，我们身边还那么多羡慕我们的人，我们为什么要自怨自艾呢？

而那些帮助我们的人就像一道光一样，一下子照亮了我们的世界，让我们在那一瞬间充满了温暖、充满了幸福。

每个人都会有孤单无助的时候，当有人帮助我们、支持我们时，我们的内心就会充满力量，就会觉得温暖。

当别人需要的时候，我们怎么给予他们温暖呢？

1. 帮助别人

我们帮助别人，不一定非要做什么惊天动地的事情。如果说别人此刻心情不好，需要我们，我们尽力帮助他们就好。

2. 不要求回报

很多人帮助别人是不需要回报的，对于他们来说，帮助别人就相当于把爱传递出去。赠人玫瑰，手有余香，把自己的爱心传递出去就好。

我们心情就像一张晴雨表，想要晴还是想要雨其实全都在自己。控制好心情，生活才能处处祥和。好心情才能带来好状态，好状态才能塑造好自己。

愿我们活在对生活的热爱里，热爱着这温暖的生活。

04 忙起来

如果此刻给你两个选择，一个是清闲，一个是忙碌，你会选择哪个呢？

也许有很多人会选择清闲，可是时间长了，还真的会闲出问题来。

沈从文曾说："我一生最怕是闲，一闲就把生命的意义全失去了。"

闲是一种福气，但如果太闲，事态就可能往相反的方向发展。

就像我今天要讲的这个故事一样。故事的主人公是一位妈妈，我们姑且叫她小 A，小 A 以前是有工作的，有了孩子之后就辞职了。

孩子十岁那年上了寄宿学校后，她就开始变得疑神疑鬼，总是莫名跟先生发火，一时间把自己搞得疲惫不堪。后来，有人建议她找一份工作。有了工作之后，小 A 开始忙碌起来，也不再疑神疑鬼，跟先生的关系也越来越好。

俗话说得好，人闲是非生。

的确是这样，职场妈妈还好，但全职妈妈就不一样了，因为回归家庭之后，她们把所有的时间和精力放在了先生和孩子身上。一看到孩子出现问题，立马就焦虑不安，要么就是把眼睛盯在先生身上。

曾经有一位妈妈就对我说："小米妈妈，你说我是不是太闲了？我看孩子哪儿哪儿都是问题，我看先生哪儿哪儿都不顺眼，我家先生说我都是闲的。"

我当时就笑了。我对她说："你可以找一些自己喜欢的事情去做呀，比如练练瑜伽，或者做自己喜欢的事情，不然这一天天闲着，谁受得了呀？"

后来，她告诉说："我现在给自己定了规划，报了一个画画班，我用画画来充实自己，现在一忙起来感觉没那么有情绪了，哪儿哪儿都顺眼。"

为什么我们忙碌起来，坏情绪就没有了呢？

首先，忙碌起来的时候，就能够聚精会神地去做一件事情，即使思维比较慢，行动比较缓，也是在前进。

其次，忙碌起来就无暇顾及其他事情了。有句话说得好，不见闲人精力长，但见劳人筋骨实。

有一位著名的女作家，她经常把自己的时间安排得满满的。

　　之前在文工团时，她每天早上 4 点起来就压腿。后来接触了写作，老师要求她写 3 页，她却写了 6 页。成为作家之后，她每天从早上 9 点写到下午 3 点，雷打不动，一直坚持着。

　　用她的话来说，忙起来越写越有灵感，沉浸在工作中就没有时间去理那些鸡零狗碎的烦心事了。

　　是的，当我们忙碌起来时，就会全身心地投入到要做的事情中。当我们的方式变了，周围的环境也改变了。我们的态度变得积极了，能力提升了，坏情绪自然就没有了。

　　每个人都有惰性，但如果太闲，我们的大脑就会找事做，想各种各样的可能，然后一想就会害怕。就像很多宝妈一样，没事了，想一想家里这也不好、那也不好，再往长远来想，哎呀……一系列自寻烦恼之后，情绪油然而生。

　　最好的办法就是让自己忙碌起来。

　　有研究表明，适当忙碌有助于赶走负面情绪。

　　芝加哥大学的一位教授招募了一批学生作为志愿者，让他们填一张调查问卷，填完之后可以休息 15 分钟，在这 15 分钟之内，可以选择当场上交，也可以走到另一个地方交问卷。

　　有 68% 的参与者就近交了问卷，但调查发现，愿意多走几步的人，要比那些偷懒的人快乐得多。教授认为，找点事做、保持忙碌感会给人带来快乐。

所以，找一点事情做，会给自己带来意想不到的快乐。这种快乐不仅是身体上的，更是精神上的。

就像有一位 91 岁的老人，他说自己的养生秘诀就是不闲下来。

他每天早上 7 点就起床，先锻炼一个小时，8 点吃早餐，然后出门散步，9 点散步回来读书看报，下午的时间听音乐、练书法，再锻炼一个小时，抽空还帮老伴做做家务。

这样的生活不仅有条不紊，而且过得越来越精彩。

尽量让自己的生活忙碌起来，这样就不会去想别的人和事。忙碌了，生活才有奔头。忙碌是世间的良药。

尽量让自己忙碌起来，比如参加一些活动，或者跟朋友聊天，或者写字作画，或者读书看报，等等。这样不仅能让我们的头脑越用越灵活，而且能够让我们的心情保持舒畅。

人们总说闲也是一种福气，可是我们有没有发现，生活中有那么一群人，他们长时间无所事事，可闲着的时间长了，他们却成了最爱抱怨的那一群人。越闲越迷茫，越闲越焦虑，这可能是他们的通病。

我之前带着两个孩子时，也的确有过那么一段时间，总是发脾气。先生总说我太闲了。

我一想，还真是，每天不是面对先生，就是面对孩子，从来没有好好为自己规划过、考虑过，把过多的时间放在了他们身上。后来，我没事就看书学习，再后来我就很少有情绪了。

先生还说："你现在怎么这么忙呀？"我说："忙不好吗？忙碌起来我觉得很开心呀。"

当我们忙碌起来，就能感觉到自己的价值所在，也会发现我们的生活变得越来越好。

忙碌不仅是思想的一种开放，更重要的是，忙碌也意味着我们接纳了自己的情绪。

当我们有情绪时，该如何让自己忙碌起来呢？

1. 接纳并给自己定一个时间段

有情绪了，我们不用选择逃避，全然地接纳它，让它在我们体内自由流淌，但不是任由它发展。我们给自己半个小时或者 20 分钟的时间去体验情绪，结束之后告诉自己：好了，要做自己该做的事情了。

2. 选择自己喜欢的方式

有的人喜欢看书，有的人喜欢运动，还有的人喜欢打扫房间或者是洗衣服，等等。不管是什么样的方式，只要是自己喜欢的就好。让自己忙碌起来，全然地体验当下的状态。

3. 活在当下

我们在做当下的事情时就认认真真地去做，让自己的身心在做事情时得到舒展，因为是自己喜欢做的事情，做起来肯定顺手，而且心情也会变得愉悦。

所谓忙碌，并不是瞎忙，而是先让自己的心安静下来，只有安静下来，做其他事情时才能更专注。

人生最快乐的事情，莫过于在忙碌中让自己的生活变得充实丰盈。

05　来陪孩子画画吧

你有没有想过在心情不好的时候陪孩子一起画画呢？

你可能会说心情不好，怎么陪孩子画画呀？

其实心情不好时，才需要陪孩子画画。

为什么呢？我今天给大家讲一个故事。

有一位妈妈经常指责、呵斥，甚至是命令孩子，只要孩子做的事情不如她的意，她就会生气。生完气之后，她的内疚感就油然而生：说好不发脾气，可总是控制不住。有很长一段时间，她都处在无助之中。

有一次，在跟朋友聊天时，朋友就对她说，心情不好可以陪孩子一起画画。而且还告诉她，不要对孩子的画有任何评判，只需要让孩子画，然后我们记录就好。

她当时就想不明白，为什么要这样做？

可就是这样，每天陪着孩子画画，孩子画完了，她就给予孩子一定的鼓励，然后把孩子的画记录下来，发到朋友圈。

就这样坚持着、坚持着，突然有一天，她发现，自己的心情开始平静下来，而且发脾气的次数也越来越少。

她终于明白朋友的良苦用心了。原来，每天陪孩子画画就是锻炼我们的耐心，而且我们要带着不评判的心态。说真的，这一点很多家长难以做到，一看到孩子画得不好，就开始评判，这里画得不对、那里画得不好。但如果我们不做评判的话，可以发现孩子画的画非常有意思。

特别是当孩子画完画，开始讲解里面的内容时，我们会发现，孩子讲的内容是如此精彩，眼前这个孩子仿佛小天使一般。也是在那一刻，她看到了孩子身上的闪光点，原来，孩子并不像她想象的那么差。

而且当她用欣赏的眼光看孩子的时候，竟然发现，孩子就像珍珠一样，开始闪闪发光。

当心情平静下来，通常不管孩子做什么事情，我们都可以接受。有时孩子不愿意做某件事情，我们都会耐心地寻找孩子不愿意做的原因。

是呀，当我们安静下来时，很多事情都可以迎刃而解，因为正应了那句话：静能生慧。

而且由于她的坚持，她的孩子也学会了坚持，孩子不仅可以自己起床，而且还可以自己穿衣服，上学的速度也快了很多。而这一切都是因为她陪孩子画画的结果。

为什么陪孩子画画可以缓解我们的情绪呢？

首先，陪孩子画画，我们的关注点就放在了孩子身上。孩子画一幅画通常需要一段时间，我们就看着他们画。看孩子画画的过程，也是让我们的心慢慢安静下来的过程。

其次，陪孩子画画，我们会看到孩子的闪光点。在陪孩子画画的过程中，为什么要记录孩子画画的内容呢？因为孩子的每一幅画都深有含义，我们作为家长，很少去了解孩子内心的想法是什么。当孩子把画画出来，并且用语言表达出来时，我们会发现，孩子的内心世界是如此丰富，是我们所想象不到的神奇，甚至惊讶于这个孩子就像一颗闪闪发光的珍珠。

当学会用欣赏的眼光看孩子的时候，你觉得自己还会有情绪吗？

再次，当孩子把自己的画用语言表达出来时，我们需要发到朋友圈，在这个过程中，我们会注意孩子的措辞，甚至是语言，会反复进行修改，甚至把孩子说的不连贯的话串成一句通顺的话。当我们发完朋友圈后，会发现我们竟然记录了这么长的一段文字。

这对于我们来说也是一种成长。

当我们记录完孩子的画，我们的成就感就来了，很多妈妈可能比较少写东西或者不写，即使发朋友圈也是照抄别人的。当看到自己能写出这么一大串文字时，会感到非常惊讶。

其实文字本身就有治愈功能，多输出文字，就是跟自己的内心进行对话。跟自己的内心对话多了，自然就产生智慧了，脾气自然也就变好了。

如果说大家都陪孩子画画，我们的焦虑是可以逐渐降低的，而且从孩子的画中还可以了解孩子的成长规律，从孩子的画里还可以了解孩子的真实想法。

就像有一个宝贝，他画的是：妈妈总是批评我，不准我玩。我赢了，我和妈妈和好了，我们又是好朋友。

当妈妈看到这幅画的时候相当震惊，她开始检讨自己是不是对孩子太严格了，她想了想，自己那段时间确实总是阻止孩子做事情。当然了，孩子也只不过是假想画面，从内心而言，孩子还是爱妈妈的。

之后，她就开始更正自己的教育方式，允许孩子看电视或者玩电脑，只不过是有时间要求的，后来她和孩子相处得非常融洽。

我们陪孩子画画，还可以看到孩子的内心世界，看到孩子的心理需求。这样我们跟孩子交流起来也会更轻松，这样我们的家庭才能充满欢声笑语。妈妈是一个家庭的主角，一定程度上决定了这个家庭到底是欢声笑语还是愁云密布。

当我们接纳了孩子，接纳了自己的脾气，其实也等同于接纳了我们自己。

每个人都会有情绪，有情绪时，每个人都有自己处理情绪的方法，就像莎士比亚所说：一千个读者眼中就会有一千个哈姆雷特。

对于情绪的处理也是如此，每个人处理情绪的方式不同，只要找到适合自己的方法就好。

那我们如何通过陪孩子画画来管理自己的情绪呢？

1. 鼓励孩子去画

孩子可能会说不会画或者画不好，这时，我们只要鼓励孩子画，画什么都行。你要相信孩子是可以的，当孩子画画的时候，我们在旁边看着就好。

2. 让孩子把内容讲出来

孩子画完画之后，要求孩子把故事的内容讲出来，然后我们进行整理，发到朋友圈，其实这个过程也是我们不断内化的过程。

3. 唯有坚持才有效果

任何事情，只有我们坚持，才能看到效果。三天打鱼两天晒网，就想让自己的情绪得到缓解，那是不可能的事情。

坚持到底就是胜利。任何事情都不可能一蹴而就，唯有坚持才是真理。

有人可能会说，我有情绪的时候，可能不会陪孩子画画，其实我们只要能够处理好情绪就好，什么样的方式并不重要，重要的是我们的情绪得到了缓解。

06 发火后先道歉

"我做得不对吗？为什么要跟我的孩子道歉？我才不跟她道歉，我是她妈，我才不低头。"

"就算我做得不对，我也不愿意跟我家先生道歉，凭什么让我先低头，凭什么他不来哄我？"

不知道你和孩子之间、和先生之间，如果生气了，有没有想过谁先道歉的问题？

可能我们不愿意主动去道歉，不愿意主动承认错误，非得等着对方给我们道歉。

记得我的一个朋友，她跟她家先生因为一件小事吵架了，结果两个人都不依不饶。她觉得先生不理解她，先生觉得她无理取闹，结果两个人越吵越厉害。

还有的妈妈明明知道是自己做错了，却不愿意主动跟孩子承认错误，结果跟孩子的关系变差。

正确的做法就是主动承认错误。这样做其实是把影响降到了最低，不管是对先生还是对孩子，都是有利的。

为什么这样说呢？

首先，当我们主动承认错误时，对于孩子来说，我们给足了尊重；对于先生来说，不仅给足了面子，而且保全了他的自尊心，也能够让先生和孩子更加欣赏我们，并且理解、支持我们。

其次，主动承认错误，也意味着我们的包容。我们接纳了家人的缺点，选择了包容。包容意味着不管好不好，我都爱你。

再次，我们越大度，孩子和先生越能带给我们更多欣喜。我们越是包容，孩子越能看到妈妈的大度，也更有信心在自己欠缺的某一方面做得更好，而先生会更加佩服我们的胸襟，在说话做事上会更加注意。

在生活中，我们总是难免磕磕碰碰，不管是在夫妻相处还是在教育孩子上，这都是在所难免的事，有的时候还会发生争吵。有的夫妻吵着吵着，两个人渐行渐远；有的就这样吵吵闹闹过了一辈子；而有的夫妻越吵，两个人的感情反而越好。

这就是所谓的"会吵不会吵"。生活中让我们有情绪的事情很多，俗话说得好，小吵怡情，大吵伤身。小小的吵闹会让彼此之间的感情越来越好，但如果经常吵架，两个人可能会渐行渐远。这是我们谁都不愿意看到的，但是很多人却在这样做。

俗话说得好，夫妻没有隔夜仇，其实也是在提醒大家，不管发生什么样的事，最好及时解决，而不是吵完架就等着对方来哄自己。

如果对方不哄，就可能发生冷战，这一冷战可能就是好几天。如果说没有人积极主动解决这件事情，那么这件事情就会一直留在心里，不仅影响心情，还会影响睡眠。

为什么有的男人会说女人无理取闹呢？可能吵架真的是因为一件小事。为什么女人会觉得男人不可理喻呢？可能真的是因为男人的某一句话，让我们忍无可忍。

既然我们选择组成一个家庭，那对方的缺点和优点，我们就要全盘接受。不要陷在情绪里不能自拔，聪明的女人要学会心平气和地找先生聊天，跟他诉说自己内心的委屈和心中的压力。

这时，先生一定能够感受到我们的真心，也能够被我们的真情所打动。

主动解决问题不是示弱，而是因为我爱你，我愿意先低头。就像我们喜欢一朵玫瑰花，但是它身上却长满了刺，但也许正因为这样，我们才这么喜欢它。

同理，我们这么喜欢我们的先生，肯定是因为他与众不同，所以我们接纳他的缺点就好。

当然，在一个家庭里，妈妈和孩子之间吵架的事情也经常存在，而且有些妈妈是自己做错了，却不愿意主动跟孩子承认错误。觉得自己是一个妈妈，如果跟孩子承认错误，孩子会不会小看自己？

事实上是，如果妈妈能够主动跟孩子承认错误，孩子不仅能够感受到妈妈的爱，还会对妈妈的行为产生崇敬和敬佩的心理。在他长大以后，他更会以身作则，如果自己做错了，也会主动跟自己的孩子道歉。

其实跟孩子道歉不丢人，也没有什么了不起的，虽然说我们要保持大人的威严，但是做错了，起码要承认错误，就像有句话所说：知错能改，善莫大焉。

错了，能改正就是好事，不管是大人还是孩子。当我们跟孩子道歉时，孩子能感受到我们的爱，孩子和我们之间的关系也会变得越来越好。

我们本来就是一家人，是相亲相爱的一家人，在一件事情上不用那么执拗。

很多人说，愤怒中的人就像一头野兽，情绪怎么也控制不住，但我们要明白，不能把情绪强加给他人。冷静思考才是高情商的表现。吵架要讲究方法，有的时候退一步海阔天空。

生活本就不易，我们一定要学会控制好情绪。聪明的人在生气之后会懂得反思自己。

记得综艺节目《为爱转身》的一位嘉宾曾说，每一次"成功的吵架"都是你们爱情最好的润滑剂，很可能吵着吵着，突然因为一句话就融化了。

两个人吵架之后有情绪很正常，但是如果能够成功和好，更弥足珍贵。

我们跟对方之所以有矛盾，是因为我们的看法和想法不一样。在每一次争吵中，我们要学会成长。

我们要明白，陪我们走到最后的那个人，一定是跟我们吵闹了很多次，但却从未想过分手的那个人。一定是我们尝尽了酸甜苦辣，看到了人间烟火，却仍对对方充满了期待。

我们既然能够成为一家人，就要珍惜这段来之不易的情感。好好爱，不要伤害。把情绪当作我们生活中的调味剂，让我们的生活虽然有小小浪花，却能在浪花里感受到甜蜜和美好。